HENSCHEL

Hieden, den 22.05.2019

Mein geliebter Schatz ♡

Wir wünschen Dir ganz viel Spaß mit diesem Kunstband. Viele der Zeichnungen haben uns an Dich erinnert.

Wir sind sehr stolz auf Dich und gespannt wo Dein Lebensweg Dich hinführt.

In Liebe
Deine Mama ♡
+ Norbert

HEINZ HENSCHEL

Oh wie schön, dass niemand weiß ...

Mit Texten von
Nina Schulze und Gerd Baum

Impressum

Herausgeber: Kunstverlag David
Achterhoeker Schulweg 22
47626 Kevelaer

ISBN: 978-3-9820830-0-1 // 1. Auflage 2019
Copyright 2019: Matthias David und Autoren
Vorwort: Gerd Baum
Übersetzung: Lalitha Maaßen
Texte: Nina Schulze, M. A.
Übersetzung: Deborah van den Höövel
Dt. Lektorat: Lektoratsbüro Berlin-Wilmersdorf, Thomas Pflug
Repro, Layout und Satz: Matthias David
Fotos: Matthias David, Dirk Friedrich
Druck: Lithotec Oltmanns Hamburg

Bild Umschlag Vorderseite:
HH_0329 // Oh wie schön, dass niemand weiß ...
(Rumpelstilzchen)
13,4 x 12 cm (Ausschnitt)
1980

INHALT
CONTENT

VORWORT GERD BAUM / FOREWORD GERD BAUM	7
EINFÜHRUNG NINA SCHULZE, M. A. / INTRODUCTION NINA SCHULZE, M. A.	10
SCHABTECHNIK / SCARPING TECHNIQUE	16
UNGEGENSTÄNDLICHES / NON-REPRESENTATIONAL	30
RADIERUNGEN / ETCHINGS	46
TIERE / ANIMALS	70
JANUSKÖPFE & DOPPELBILDNISSE / JANUS HEADS & DOUBLE PORTRAITS	92
SCHIFFE / SHIPS	108
WÄCHTER / GUARDIANS	126
ERZÄHLWELTEN / NARRATIVE WORLDS	142
MONOCHROME ARBEITEN / MONOCHROMATIC WORKS	166
SKIZZENBÜCHER / SKETCHBOOKS	178
BIOGRAFIE / BIOGRAPHY	204

HH_0600 // ohne Titel
(Selbstporträt)
17,9 x 13,9 cm // 23,4 x 18,6 cm
1983

VORWORT
von Gerd Baum

Kunsterzieher und Entdecker der Werke Henschels

Teacher for art and discoverer of the work Henschels

Das Leben des Heinz Henschel an dieser Stelle in epischer Breite darzustellen, würde die Aufgaben eines Katalogs ebenso sprengen wie die ausführliche Erläuterung seiner Techniken (etwa 20) und Themen (etwa 25) und wird deshalb in einer späteren Arbeit, der Erstellung einer Monografie, erfolgen.

Denn mit Henschel sind wir noch lange nicht fertig und können es auch nicht sein!

Es folgen nun einige Anhaltspunkte aus seinem Leben, die gesichert erscheinen. Geboren wurde er am 28.12.1938 in Brokau im damaligen Schlesien.

Mit seiner Familie wird er nach Coswig in Sachsen vertrieben und gelangt schließlich nach einer dramatischen und nicht unblutigen Flucht mit Freunden in die BRD. Er übt später den Beruf eines Drehers in verschiedenen Firmen aus. 1972 heiratet er Waltraud, von der er nach wenigen Jahren kinderlos geschieden wird.

Sportlich ist er sehr aktiv und betreibt mehrere Sportarten mit Begeisterung (u.a. Taekwondo, Bogenschießen und Fechten) und führt sie zu einer gewissen „Meisterschaft".

Portraying Heinz Herschel's life in its epic dimensions or attempting a detailed description of his various techniques (about 20) and his (approximately 25) topics would be beyond the compass of this catalogue. These aspects will be covered later in a monograph, as we have far from finished with him.

Here are some biographical notes about him: he was born on the 28th December 1938 in Brokau, formerly Silesia.

He and his family were expelled to Coswig in Saxony and finally arrives after a dramatic and violent escape with friends in the FRG. He worked as a turner in various companies. He married Waltraud in 1972. The marriage was childless and ended in divorce after a few years.

Henschel was an outstanding athlete, who was keen on several sports, such as taekwondo, archery and fencing, in which he attained certain mastery.

Seine Leidenschaft, die Kunst, macht sein wirkliches, sein geheimes Leben aus. Ihr „verfällt" er ohne Wenn und Aber in einer geradezu „van goghschen" Besessenheit. Alles, was er tagsüber macht, dient einzig und allein seinem Lebensunterhalt. Der späte Abend und die Nacht gehören seiner Kunst.

Er liest, er kopiert, er verinnerlicht zeichnerisch und malerisch als Autodidakt die Kunstströmungen in seinen Arbeiten in einer so gekonnten Weise, die uns nur verblüffen kann. Er befasst sich mit der Literatur des Symbolismus, des Expressionismus, des Impressionismus. Kunst und die Kultur der indigenen Völker dieser Welt offenbaren sich ihm in opulenten Bildbänden.

Er macht sich ein intensives Bild von der Segelschifffahrt und der Konstruktion von Segelschiffen. Bildbeispiele finden sich allenthalben in seinen Skizzenbüchern und in seinen vollendeten Werken.

Dass die akribische Art seines künstlerischen Schaffens ihre Wurzeln in seinem Beruf hat, ist augenscheinlich. Einer seiner Arbeitgeber nannte ihn in humorvoller Art, aber durchaus ernst gemeint „den Philosophen der Drehbank".

Vor allem in seinen Kaltnadelradierungen und den Erzählwelten mit Tuschefeder, Filzpointer, Kugelschreiber, Bunt- und Bleistift werden technische Finesse und Genauigkeit sichtbar.

His true and secret passion, however, was art, to which he devoted himself with an unconditional, almost van Goghian obsessiveness. While his daytime activities concentrated solely on earning a livelihood, his evenings and nights were focussed on art.

He read, copied and internalized graphics and artistic trends as an autodidact, incorporating these into his own work with an effortless skill, which continues to astonish us. He got interested in the literature of symbolism, expressionism and impressionism. Art and the culture of the world`s indigenous peoples revealed themselves to him through opulently illustrated books.

In addition, innumerable pictorial examples in his sketch books as well in his complete works demonstrate his passionate interest in sailing ships and their construction.

The meticulous nature of his artistic endeavour points to its roots in his technical profession. One of his employers half-jokingly referred to him as `the philosopher of the lathe´.

Other Outstanding examples of his technical finesse and accuracy are his drypoint etchings as well as his orchestral compositions with an ink pen, felt pen, coloured pencils and pencils. Most of this work is so minutely done, that its true splendour reveals itself to the beholder only with help of a magnifying glass.

Die meisten Arbeiten sind minutiös gearbeitet, sodass sie erst mithilfe der Lupe dem Betrachter ihre wahre Pracht preisgeben.

Ebenso überraschend sind für den Betrachter die Entdeckungen der orchestralen (Henschel liebte die Musik der Klassik), die teppichartigen, die abstrakten und die submarinen Wunderwelten.

Heinz Henschels Lust am Spiel mit Formen, Farben und Techniken wird nicht nur in diesen Arbeiten deutlich: Sein Erfindergeist scheint keine Grenzen zu kennen! Gerade in diesen Exponaten wird das narrative Element in Henschels Werk deutlich. Er ist ein Geschichtenerzähler und fordert uns auf, ihn in sein Traumland zu begleiten, damit wir ebenfalls Geschichten erfinden. Porträts, Janusköpfe und menschliche Darstellungen aller Art sind gekonnt, auch in der Verkürzungsperspektive, in Szene gesetzt.

Einer der Höhepunkte des Werkes ist die meisterliche Technikvariation der Kaltnadelradierung, die auf Druckstöcken verschiedener Materialien, u.a. auf Resopal Küchenbrettchen, mit professionell selbstgefertigten Radiernadeln und Druckerpressen entstanden ist. In dieser Technik werden die unterschiedlichsten Themen erarbeitet, wobei die Darstellungen der indigenen Völker hervorzuheben sind, da sie auch in seiner Vorstellungswelt eine herausragende Rolle spielten.

Equally surprising for the viewer is the discovery of the orchestral (Henschel had a great love for classical music) as also the carpet-like, the abstract and submarine worlds of wonder in his work.

Heinz Herschel's playful but nonetheless passionate commitment to shapes, colours and techniques are evident not only here. His inventiveness knows no boundaries! Especially in these exhibits, the narrative element in Henschels work becomes clear. He is a teller of tales, who challenges us to accompany him to the land of his dreams, thus encouraging us to invent our own stories as well. He presents portraits, Janus-heads and human representations of all kinds – including the fore-shortened perspective – with enormous verve and skill.

One of the highlights of the work is the masterful technical variation of drypoint etching, which was created on printing blocks of various materials, including Resopal kitchen boards, with professionally self-made etching needles and printing presses. This technique is used for a variety of subjects, whereby his representation of the indigenous peoples deserves a special mention, as it played such a prominent role in his imagination.

OH WIE SCHÖN ...
von Nina Schulze M.A.

Kunsthistorikerin

Art historian

Heinz Henschel gilt als das unbekannte Genie vom Niederrhein. Der Dreher beginnt 1970, mit 32 Jahren, autodidaktisch zu malen und zu zeichnen. In den folgenden Jahren vertieft er sich auch in die Kunst der Radierung. Henschel bleibt weitestgehend unbeeinflusst von der Kunstgeschichte des ausgehenden 20. Jahrhunderts. Einzig die großen Meister des Impressionismus, Expressionismus und des Symbolismus liefern ihm Impulse zum Verständnis des Bildaufbaus und der Komposition von Farben. Sein eigentliches Interesse gilt der formelhaften Bildwelt alter amerikanischer Kulturen und der Abstraktion in der Aborigine-Malerei Australiens.

Erste datierte Zeichnungen Henschels liegen aus dem Jahr 1970 vor (vgl. S. 140). Seine bevorzugten Ausdrucksmittel sind schon damals Tusche und Gouache. Bereits in diesen frühen Arbeiten trifft man auf eine Symbolschrift, die Henschel als persönliche Geheimschrift entwickelt und die er in einige seiner Werke integriert (vgl. S. 105). Die von ihm verwendeten Symbolfolgen erinnern an Hieroglyphen und erlauben es ihm schriftliche Kommentare zu hinterlassen, die nicht ohne Weiteres zu entschlüsseln sind. Die Dechiffrierung dieser Symbolschrift ist inzwischen

Heinz Henschel is considered the unknown genius of the Lower Rhine. The turner begins 1970 at the age of 32 years to paint and draw auto didactically. In the following years he also delves into the art of etching. Henschel remains largely unaffected by the history of art at the end of the 20th century. Only the great masters of Impressionism and Expressionism and Symbolism provide him with impulses in the understanding of composition and the composition of colours. His real interest, however, is the formulaic imagery of ancient American cultures and the abstraction of aboriginal Australia.

Henschel's first dated drawings date back to 1970 (cf. p140). His favorite means of expression are even then ink and gouache. Already in these early works one encounters a symbol font that Henschel develops as a personal cryptography and that he integrates into many of his works (cf. p105) The symbol sequences he uses are reminiscent of hieroglyphs and allow him to leave written comments that are not easily decipherable. The deciphering of this symbol font has now been successful and allows a deeper understanding of his enigmatic work.

gelungen und ermöglicht ein tieferes Verständnis seines enigmatischen Schaffens.

Ungefähr aus derselben Zeit wie die ersten Zeichnungen liegen die ersten datierten Radierungen vor. Das Arbeiten mit der Radiernadel auf Metallplatten fällt ihm leicht. Seine Ergebnisse sind von höchster Qualität und zeigen sein Talent, Bildmotive durch einen Reichtum an Details auszuarbeiten (vgl. S. 57). Die seitenverkehrte Anlage der Bildmotive und die komplexe Technik der Ätzradierung sind Henschel eine willkommene intellektuelle Herausforderung. Er durchdringt die Möglichkeiten der Radierkunst bis in die Mechanik der Druckerpressen, die sich der versierte Metallbauer kurzerhand selber baut.

Mehr als die mimetische Darstellung der sichtbaren Welt interessiert Henschel die Sichtbarmachung innerer Bilder als Ausdruck für Seelisches, für Sehnsüchte und Ängste. Dabei komponiert er unabhängig von der jeweiligen künstlerischen Technik abstrakte Strukturen und Figürliches zu einem lückenlosen, meist flächig aufgefassten Bildraum. Dieser Dichotomie von Struktur und Motiv entspricht sein Umgang mit Farbe, die er monochrom oder koloristisch einsetzt.

Seine Motivwelt gliedert sich grob in die Darstellung von geläufigen Bildmotiven wie Schiffen, Janusköpfen und Tieren, aber auch in sehr individuelle Schöpfungen, die einer

About the same time as the first drawings, the first dated etchings are available. Working with the needle on metal plates is easy for him. His results are of the highest quality and show his talent for creating motives through a wealth of details (cf. p57) The etching with its reversed arrangement of the pictorial motives and even more complex technique of etching correspond to the essence of Henschel. He penetrates the possibilities of etching art into the mechanics of the printing presses, which the savvy metalworker quickly builds himself.

More than the mimetic representation of the visible world, Henschel is interested in the visualization of internal images as expressions of the soul, of yearnings and fears. Regardless of the respective artistic technique, he composes abstract structures and figurative elements to create a gapless, usually comprehensible pictorial space. This dichotomy of structure and motives corresponds to his use of colour, which he uses monochrome or colourist.

His motive world is roughly divided into the depiction of common pictorial motives such as ships, Janus heads and animals, as well as very individual creations that arise from a personal mythology, including blocky guardian beings and complex narrative worlds. His motives never seem random or banal, but always composed intentionally brought to paper.

persönlichen Mythologie Henschels entspringen, darunter blockhafte Wächter-Wesen und komplexe Erzählwelten. Seine Motive wirken nie zufällig, sondern immer bewusst komponiert und genau so gewollt, wie sie auf dem Papier stehen.

Heinz Henschel legt großen Wert darauf sein schöpferisches Talent für sich zu behalten, vermutlich weil er sich des psychogrammatischen Charakters seiner Arbeiten bewusst ist. Das Werk, das Henschel über 45 Jahre erschafft, wird erst nach seinem Tod entdeckt: Bei der Sichtung seines Nachlasses werden weit über 1000 Arbeiten gezählt. Die Fülle und die Qualität der Arbeiten, die Henschel hinterlässt, stellt die Freunde des Künstlers ebenso wie die Fachwelt vor unzählige Fragen.

Bei der Erforschung der Bildwelt von Heinz Henschel ist es eine große Herausforderung die Bedeutung hinter der Bildebene zu entschlüsseln. Viele Motive sind biografisch konnotiert und geben Rätsel auf. Das Leitmotiv dieses Katalogs, die Darstellung des um das Feuer tanzenden Rumpelstilzchens, das sich über die gelungene Verunklarung seiner Identität freut, ist gemäß dem vielschichtigen und anspielungsreichen, aber auch geheimnisvollen und rätselhaften Werk Heinz Henschels gewählt. Das Rumpelstilzchen-Zitat aus der Grimm´schen Märchenerzählung entspricht dem Originaltitel, den Henschel diesem Bild gegeben hat.

Heinz Henschel attaches great importance to keep to himself his creative talent, probably because he is aware of the psychogrammatic nature of his work. The work, which Henschel creates over 45 years, is discovered only after his death: In the sighting of his estate far more than 1000 works are counted. The abundance and quality of the work that Henschel leaves behind pose countless questions to the artist's friends as well as to the professional world.

When researching the legacy of Heinz Henschel, it is a great challenge to decipher the meaning behind the image plane. Many motives are biographically connoted and are puzzling. The main theme of this catalog, the portrayal of Rumpelstiltskin dancing around the fire, who is pleased with the successful disillusionment of his identity, is chosen in accordance with the multi-layered and allusive, but also mysterious and enigmatic work of Heinz Henschel. The Rumpelstiltskin quote from Grimm's fairytale story corresponds to the original title given by Henschel to this picture.

Heinz Henschel im Oktober 2008

HH_0934
Druckstock
13,4 x 10,3 cm
undatiert

SCHABTECHNIK

SCARPING TECHNIQUE

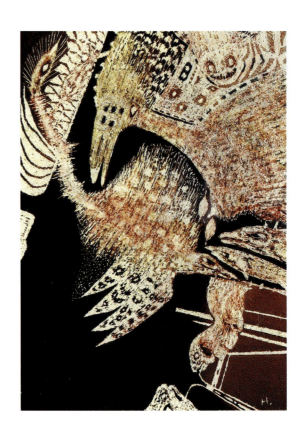

In seinen Schabzeichnungen wendet Henschel ein subtraktives Verfahren an, mit dem er tiefer liegende Farbschichten von Seiten aus Magazinen freilegt. Diese Technik gehört nicht zum Kanon der geläufigen künstlerischen Techniken, Henschel mag sie durch einen Zufall entdeckt haben. Das technische Gerät zum Ritzen könnte sowohl von seinen kolorierten Tuschezeichnungen stammen, bei denen er Farb- und Tuscheschichten mit dem Skalpell vom Papier genommen hat, als auch von der Radiertechnik, bei der das Motiv mit feinen Metallnadeln in die Metallplatte geritzt wird.

Seine in Seiten aus Hochglanzmagazinen geritzten Bilder beziehen den Zufall in die Bildgenese ein. Henschel kontrolliert zwar das Motiv, das er in die oberste Farbschicht des bedruckten Papiers zeichnet, die Farbe jedoch, die darunter zum Vorschein kommt, ist eine Überraschung. Die Blätter in Ritztechnik bestehen aus feinsten Schraffuren und machen Henschels großes Geschick im Umgang mit Papier und Zeichnung deutlich.

Es gibt mehrere Werkgruppen in Schabtechnik im Werk Henschels, die zwischen 1979 und 1989 entstanden sind. Sie sind sowohl abstrakt als auch surrealistisch-figurativ und erinnern bisweilen an die Kunst der australischen Aborigines.

In his scraped drawings, Henschel uses a subtractive process that exposes deeper layers of paint from pages of magazines. This technique does not belong to the canon of artistic techniques, Henschel may have discovered it by accident. The technical device for scarping could come from both his coloured ink drawings, in which he has taken colour and ink layers with the scalpel from the paper, as well as from the etching technique, in which the motive is carved with fine metal needles in the metal plate.

His images, engraved in pages of glossy magazines, incorporate coincidence into the genesis of images. Although Henschel controls the motive that he draws in the top layer of the printed paper, which color appears underneath is a surprise. The sheets in scarping technique consist of the finest hatchings and make Henschel's great skill in dealing with paper and drawing clear.

There are several groups of works in scarping technique in Henschels work, which originated between 1979 and 1989. They are both abstract and reminiscent of Australian Aboriginal art as well as surrealistic figurative.

(links)
HH_0421 // ohne Titel
13 x 9,1 cm // 13 x 9,1 cm
undatiert

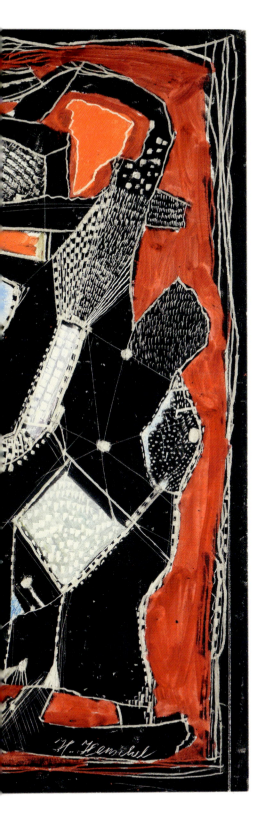

HH_0120 // ohne Titel
35,1 x 24,9 cm // 35,1 x 24,9 cm
1979

HH_0123 // ohne Titel
35,1 x 24,9 cm // 35,1 x 24,9 cm
1979

HH_0122 // ohne Titel
35,1 x 24,9 cm // 35,1 x 24,9 cm
1979

HH_0121 // ohne Titel
29,3 x 24 cm // 29,3 x 24 cm
1989

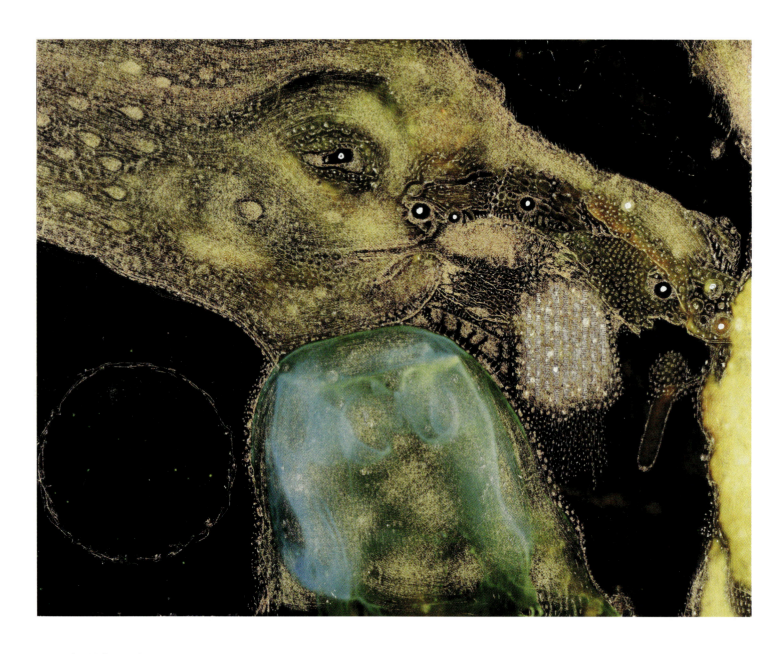

HH_0415 // ohne Titel
26,3 x 21cm // 26,3 x 21 cm
undatiert

HH_0417 // ohne Titel
22,6 x 19 cm // 22,6 x 19 cm
undatiert

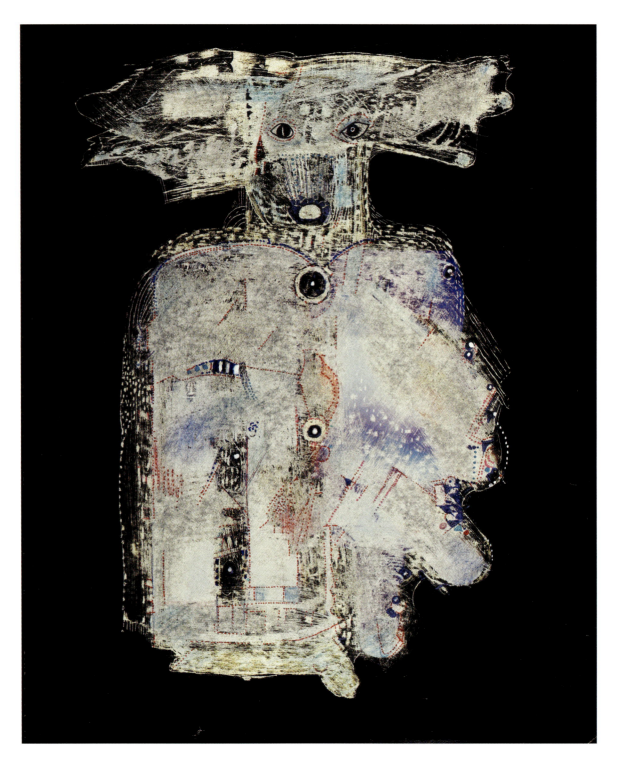

HH_0416 // ohne Titel
26,4 x 21 cm // 26,4 x 21 cm
undatiert

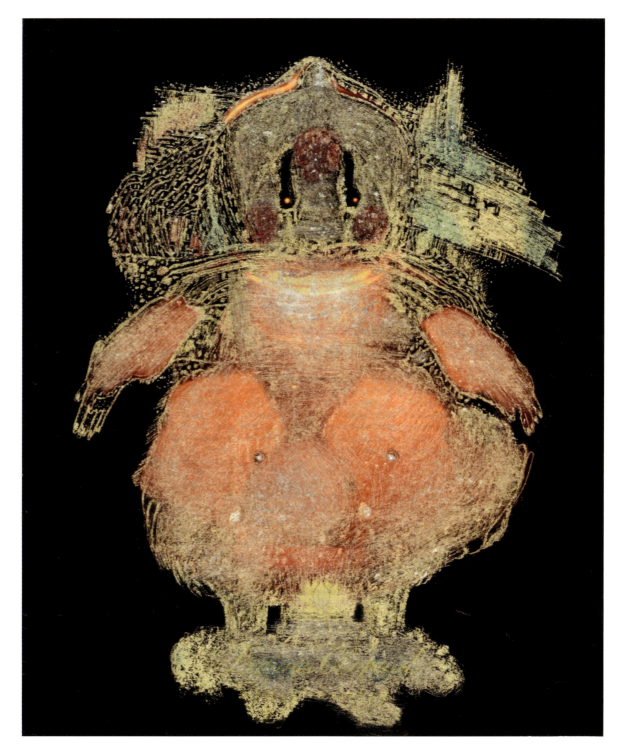

HH_0414 // ohne Titel
25,4 x 21 cm // 25,4 x 21 cm
undatiert

HH_0422 // ohne Titel
16,1 x 11,1 cm // 16,1 x 11,1 cm
undatiert

(rechts)
HH_0424 // ohne Titel
16,5 x 11,9 cm // 16,5 x 11,9 cm
undatiert

HH_0423 // ohne Titel
19,4 x 12,3 cm // 19,4 x 12,3 cm
undatiert

UNGEGENSTÄNDLICHES

NON-REPRESENTATIONAL

Henschels wenige, gänzlich ungegenständliche Papierarbeiten kreisen immer wieder um bestimmte Motive. Zum einen zeichnet er anthropomorphe, für ihn außergewöhnlich plastisch ausgearbeitete Objekte, die vor einem unspezifischen Raum voller schlanker, gemusterter Stäbe schweben (vgl. S. 44). Andere Arbeiten zeigen zelluläre Strukturen, die einander architektonisch zugeordnet sind (vgl. HH_SK_024 – nicht abgebildet).

Ein Motiv, das Henschel in seinem Oeuvre immer wieder aufruft, ist eine runde Form. Sie erinnert an einen Wirbel oder an eine Spirale, er stellt sie jedoch formalisiert in konzentrischen Kreisen dar. Fast immer verdichtet Henschel die Farbigkeit in diesem Motiv stark und er platziert es oft prominent im Bild, beispielsweise in den Schiffsdarstellungen (vgl. S. 111).

Blätter, die den Wirbel isoliert zeigen (vgl. S. 37), legen nahe, dass er für zyklische Bewegung und auseinanderstrebende Energie steht.

Henschel's few, completely non-representational works on paper revolve around certain topics. On the one hand, he draws anthropomorphic objects that are exceptionally sculpted for him, floating in front of a nonspecific room full of slender, patterned rods (cf. p44). Other works show cellular structures that are architecturally related to each other (see HH_SK_024 – not illustrated).

A motive that Henschel repeatedly invokes in his oeuvre is a round shape. It is reminiscent of a vortex or a spiral, but is repesented in a formalized manner in concentric circles. Henschel almost always densifies the colour in this motive and he often places it prominently in the picture, for example in the depictions of ships (cf. p111).

Sheets that show the vortex isolated (cf. p37) suggest that it represents cyclic motion and divergent energy.

(links)
HH_0496 // ohne Titel
30,5 x 27,5 cm // 30,5 x 27,5 cm
200X

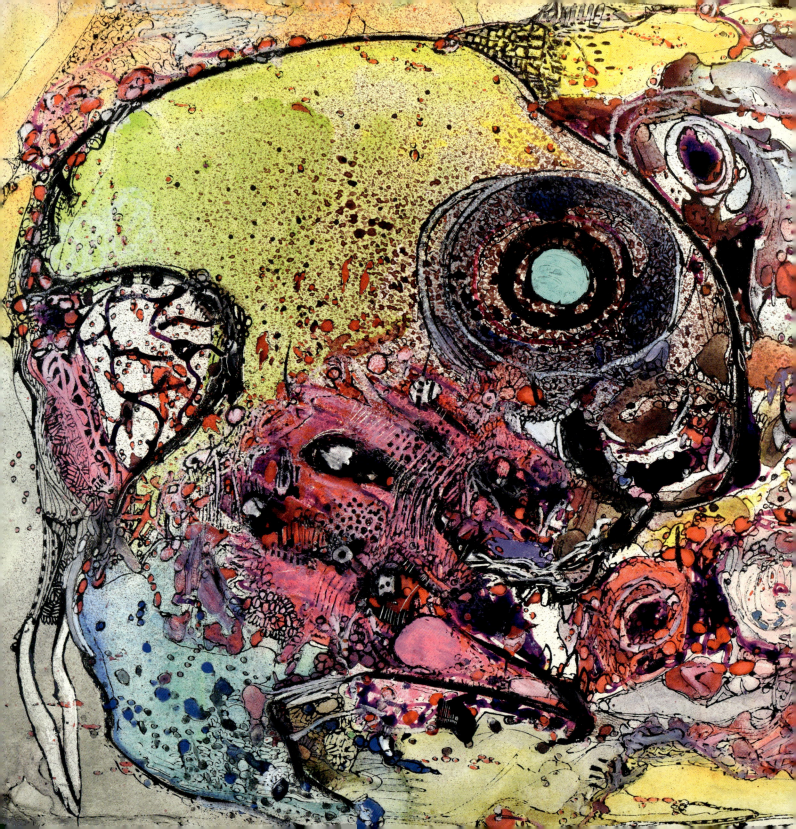

HH_0117 // ohne Titel
35,1 x 25 cm // 35,1 x 25 cm
1990

HH_0116 // ohne Titel
35 x 24,8 cm // 35 x 24,8 cm
1989

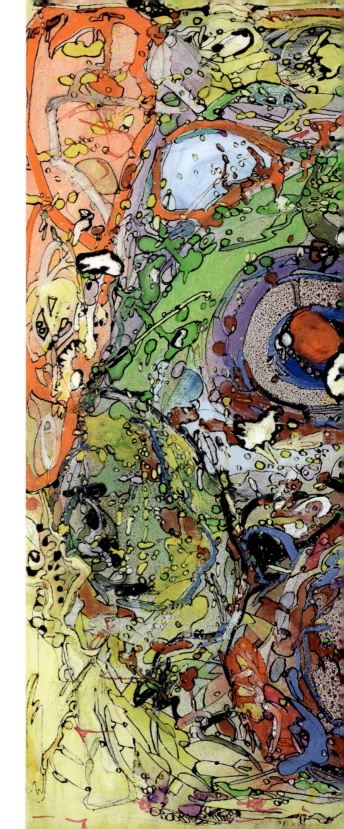

HH_0093 // ohne Titel
30,6 x 27,6 cm // 30,6 x 27,6 cm
undatiert

HH_0129 // ohne Titel
50 x 40 cm // 50 x 40 cm (Ausschnitt)
undatiert

(nächste Seite)
HH_0119 // ohne Titel
39 x 27,5 cm // 39,9 x 30 cm (Ausschnitt)
2010

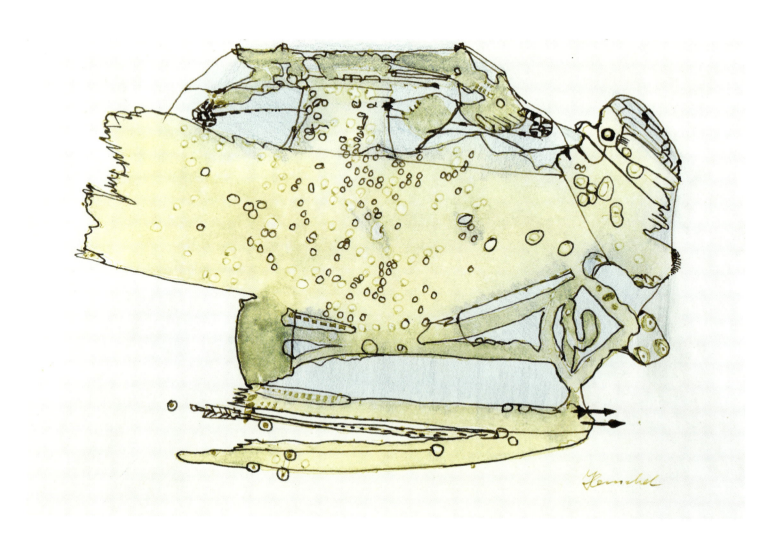

HH_0182 // ohne Titel
17,5 x 12,5 cm // 20,8 x 13,8 cm
undatiert

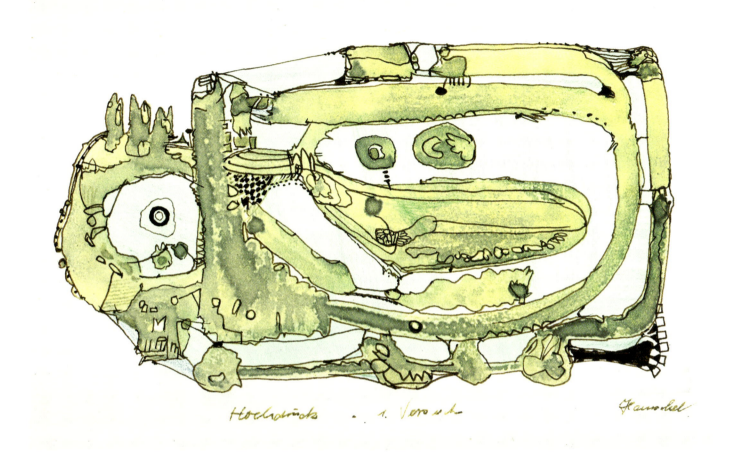

HH_0236// ohne Titel
18,7 x 10,6 cm // 20,9 x 14,8 cm
undatiert

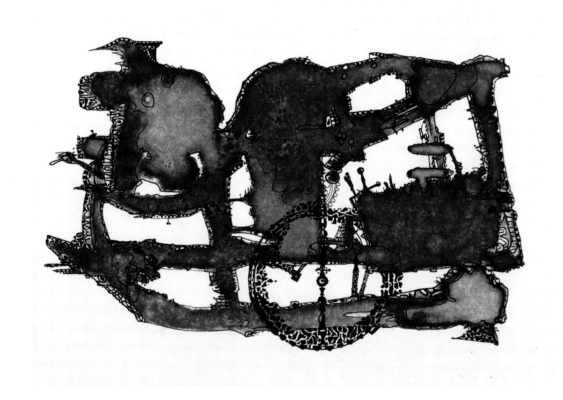

HH_0300 // ohne Titel
12,7 x 8,4 cm // 14,3 x 10,5 cm
undatiert

(rechts)
HH_0242 // ohne Titel
20 x 16,3 cm // 21,7 x 18,5 cm
undatiert

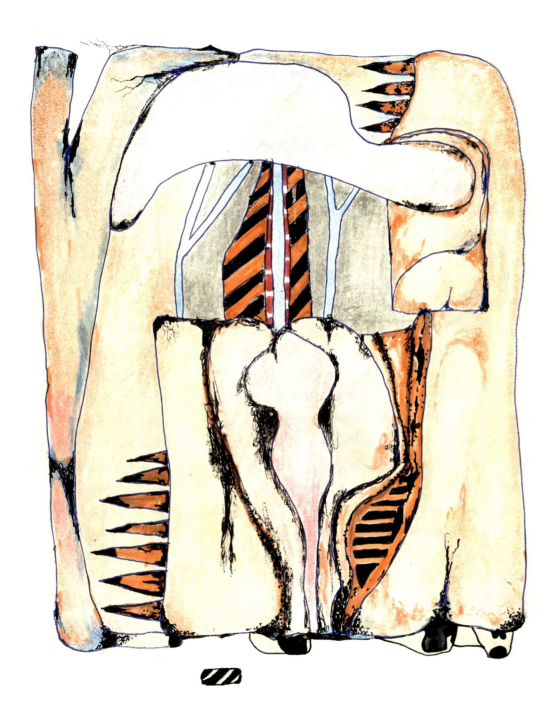

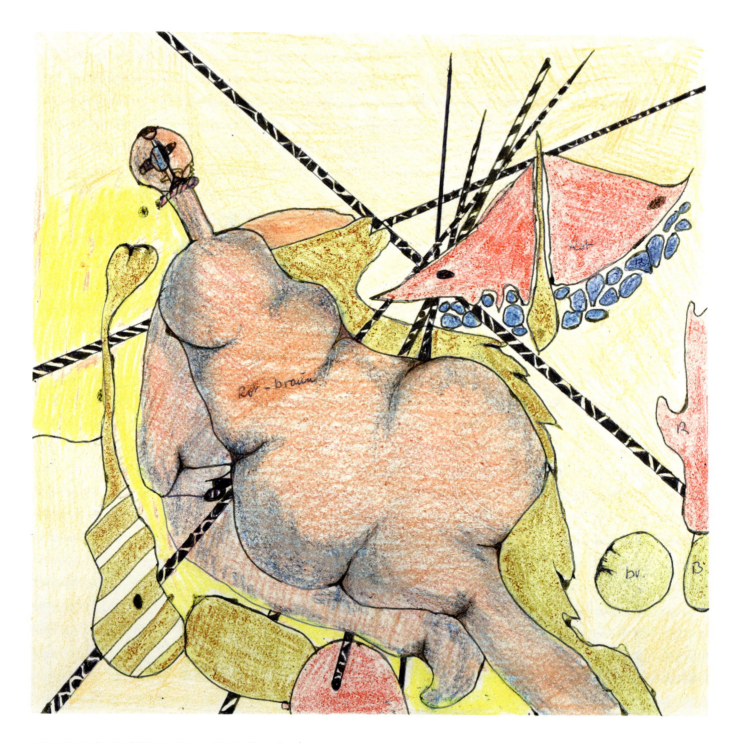

HH_0359 // ohne Titel // 21,5 x 21,0 cm // 21,5 x 21 cm // undatiert

HH_0360 // ohne Titel // 21,5 x 21,0 cm // 21,5 x 21 cm // undatiert

HH_0360 // ohne Titel // 21,5 x 21,0 cm // 21,5 x 21 cm // undatiert

RADIERUNGEN
ETCHINGS

Anfangs zieht Henschel sehr gefällige Motive wie Tiere und Landschaften als Ätzradierungen von metallenen Druckstöcken ab. Nebenbei experimentiert er auch mit der Schabtechnik und der Kaltnadel. Letztlich interessieren ihn jedoch in den frühen Tiefdrucken weniger die Darstellung von Linien, Halbtönen oder Flächen, sondern vielmehr die stark grafischen Effekte zwischen dem Weiß des Blattes und der samtigen Schwärze des Drucks, die er durch die Technik erzielen kann. Davon zeugen insbesondere seine Landschaften. Seine Tierdarstellungen faszinieren durch die Fülle an Binnenformen und Details, die die Motive fast fotorealistisch erscheinen lassen.

Immer wieder koloriert er die Drucke anschließend farbig, wodurch detailreiche naturalistische Bilder entstehen, die das Tier auf seine Kreatürlichkeit und Schönheit reduzieren.

Später entwickelt Henschel auch einige seiner Erzählwelten in der Technik der Radierung. Er macht sich den Umstand zunutze, dass er mithilfe des Druckstocks mehrere Abzüge ein und desselben Motivs anfertigen kann, um diese in unterschiedlicher Manier zu kolorieren. An dieser Stelle ersetzt er seine aufwändigen und detailreichen Tuschezeichnungen durch Radierungen. Die Entstehung einiger seiner gedruckten Motive ist durch nacheinander entstandene Zustandsdrucke fast lückenlos nachvollziehbar.

At first, Henschel draws very pleasing motives such as animals and landscapes as etchings from metal printing blocks. Incidentally, he also experimented with the scraping technique and the drypoint. However, in the early rotogravure he is less interested in the presentation of lines, halftones, or areas, but rather in the strong graphic effects between the white of the page and the velvety blackness of the print he can achieve through technology. This is particularly evident in his landscapes. His animal depictions fascinate with their abundance of interior forms and details that make the motives look almost photorealistic.

Again and again he colors the prints, creating fascinatingly detailed, naturalistic images that reduce the animal to its creatureliness and beauty.

Later Henschel also develops some of his narrative worlds in the technique of etching. He takes advantage of the fact that he can use the printing block to make several prints of one and the same motive in order to colour them in different manners. At this point he replaces his elaborate and highly detailed ink drawings with etchings. The emergence of some of his printed motives are almost completely traceable by successive state prints.

(links)
HH_0556 // ohne Titel
12,3 x 4,5 cm // 19,4 x 14,2 cm (Ausschnitt)
undatiert

(links)
HH_0021 // ohne Titel
(Winterwald)
23 x 19,2 cm // 31 x 25,8 cm
1997

HH_0663 // ohne Titel
20 x 16 cm // 31,5 x 28,3 cm (Ausschnitt)
undatiert

HH_0054 // ohne Titel
(Katstelle)
20,6 x 14,9 cm // 24,1 x 18,4 cm
1998

HH_0052 // ohne Titel
(Katstelle)
26 x 17,5 cm // 26 x 17,5 cm
undatiert

HH_0656 // ohne Titel
(Kuckuck)
9,9 x 8,4 cm // 17,5 x 15,5 cm
undatiert

HH_0531 // ohne Titel
(Stockente)
9,3 x 7,4 cm // 19,5 x 19,5 cm (Ausschnitt)
undatiert

HH_0530 // ohne Titel
(Murmeltier)
11,2 x 9 cm // 16,3 x 13,3 cm
undatiert

HH_0587 // ohne Titel
(Stockente mit Küken)
20,4 x 11,4 cm // 25,2 x 16,4 cm
undatiert

HH_0621 // ohne Titel
(Eichhörnchen)
19,1 x 14,8 cm // 23,8 x 19,5 cm
1989

HH_0592 // ohne Titel
(Damhirsch)
20,5 x 14,9 cm // 23,6 x 18,3 cm
undatiert

(rechts)
HH_0650 // ohne Titel
(Waldkauz)
16 x 13,9 cm // 18,1 x 16 cm
1980

HH_0625 // ohne Titel
(3 Steinkäuze)
18,9 x 11,2 cm // 28 x 19,6 cm
undatiert

HH_0536 // ohne Titel
(Betende Frau)
14,7 x 9,8 cm // 17,6 x 12,9 cm
undatiert

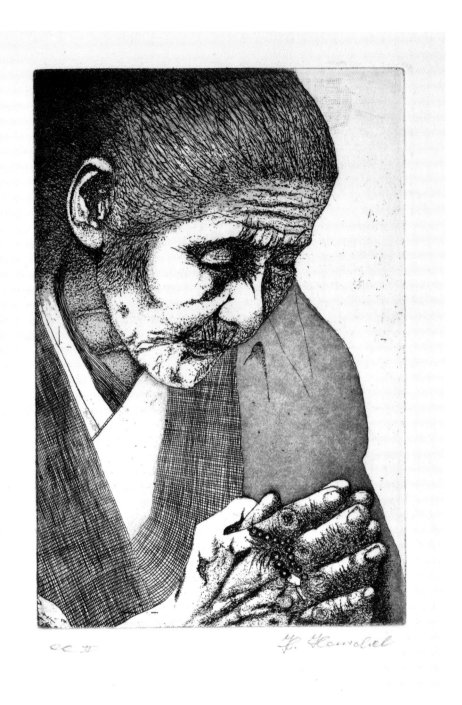

(links)
HH_0593 // ohne Titel
(Zwiebelbund)
19,4 x 19,4 cm // 23,5 x 22,5 cm
undatiert

HH_0931 // ohne Titel
Druckstock
17,9 x 11,3 cm
undatiert

HH_0597 // ohne Titel
17,9 x 11,3 cm // 26,5 x 19,6 cm (Ausschnitt)
undatiert

HH_0679 // ohne Titel
17,9 x 11,3 cm // 20,6 x 13,9 cm
2000

HH_0677 // ohne Titel
17,9 x 11,3 cm // 20,1 x 13,6 cm
2000

HH_0081 // ohne Titel
17,9 x 11,3 cm // 19,7 x 14,6 cm
undatiert

HH_0708 // ohne Titel
17,9 x 11,3 cm // 26,5 x 19,5 cm (Ausschnitt)
undatiert

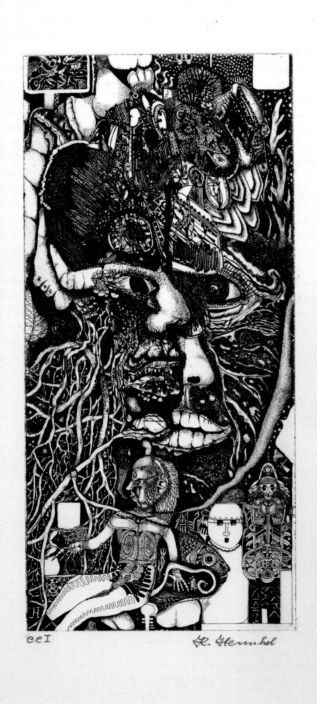

HH_0602 // ohne Titel
19,3 x 9,2 cm // 28,3 x 19,3 cm (Ausschnitt)
undatiert

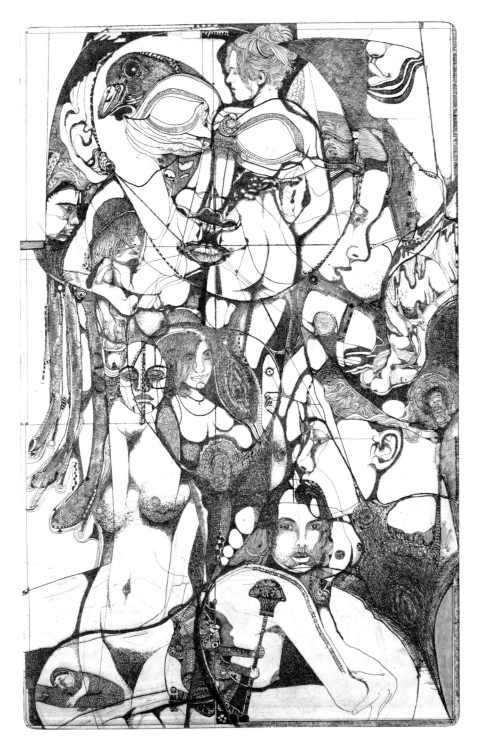

HH_0841 // ohne Titel
Druckstock (invertierte Darstellung)
31,9 x 19,9 cm
undatiert

TIERE

ANIMALS

Tiere sind in den Bildwelten Henschels geläufiges Inventar. Sowohl Säugetiere und Insekten als auch Fische, Amphibien und Reptilien stellt er immer wieder dar. Die größten Gruppen stellen Stiere, Fische und Vögel dar, wobei die Vögel in Zahl und Bedeutung überwiegen.

In der Symbolgeschichte der Vögel werden sie als Kreaturen von Licht und Luft oftmals den Mächten der Finsternis gegenübergestellt. Auch Henschels Vögel sind farbenfroh und heiter (vgl. S. 74). Fast immer tragen dürre Beine den formelhaft aufgebauten Vogelkörper.

Charakteristisch für Henschel ist der nach unten gebogene Schnabel. Er erinnert an den Ibis, den heiligen Vogel der alten Ägypter. Sie verehrten das Tier als Erfinder der Hieroglyphen und als Lehrer der Künste.

Henschels Vögel spielen eine prominente Rolle in seinen Bildern und sind oft dem Menschen bei- oder nebengeordnet. Formal dekliniert Henschel an ihnen das Verhältnis von Fläche zu Linie durch (vgl. S. 73), wobei der dreieckige Vogelkörper auf den zu einer Senkrechten zusammengeführten Beinen ruht.

Animals are Henschel's common inventory in the pictorial worlds. He repeatedly portrays mammals and insects as well as fish, amphibians and reptiles. The largest groups are bulls, fish and birds, with birds predominating in numbers and importance.

In the symbolic history of birds they are often confronted with the powers of darkness as creatures of light and air. Henschel's birds are also colourful and cheerful (cf p74). Almost always skinny legs carry the formulaically constructed bird body.

Characteristic of Henschels birds are the bent down beaks. It is reminiscent of the Ibis, the sacred bird of the ancient Egyptians. They worshiped the animal as the inventor of hieroglyphs and teachers of the arts.

Henschel's birds play a prominent role in his pictures and are often associated with or alongside humans. Formally, Henschel declines the ratio of area to line (cf. p73), whereby the triangular bird body rests on the legs that are brought together to form a vertical line.

(links)
HH_0376 // ohne Titel
(Raupe)
9 x 5 cm // 2 x 1 cm (Ausschnitt)
undatiert

HH_0074 // ohne Titel
(Vogelgruppe)
11,7 x 10,6 cm // 11,7 x 10,6 cm
2005

HH_0061 // ohne Titel
(Vogelgruppe)
13 x 11,2 cm // 14 x 12,2 cm
2000

HH_0368 // ohne Titel
(4 Vögel)
11 x 11 cm // 13 x 11 cm
undatiert

HH_0230 // ohne Titel
(Landschaft mit 3 Vögeln)
32 x 23,8 cm // 32 x 23,8 cm
1980

(links)
HH_0495 // ohne Titel
(Vögel)
30,8 x 22,7 cm // 32 x 24 cm
undatiert

HH_0405 // ohne Titel
(Vögel)
23,3 x 16,5 cm // 23,3 x 16,5 cm
undatiert

HH_0298 // ohne Titel
(Vogelwächter)
22,8 x 17,4 cm // 22,8 x 17,4 cm
2010

(links)
HH_0305// ohne Titel
17,8 x 15,3 cm // 18,1 x 15,3 cm
2008

(links)
HH_0111// ohne Titel
(2 Bären)
23,1 x 21,1 cm // 23,1 x 21,1 cm
2003

HH_0341 // ohne Titel
(2 Bären)
26,5 x 22 cm // 29,9 x 23,9 cm
2010

HH_0367 // ohne Titel
(Frosch)
11,5 x 7,3 cm // 12,7 x 9 cm
undatiert

HH_0163// ohne Titel
(Echse)
19,3 x 13,4 cm // 19,3 x 13,4 cm
undatiert

HH_0220 // ohne Titel
(Stier)
14 x 12 cm // 16,3 x 13,9 cm
2006

(rechts)
HH_0210 // ohne Titel
15,9 x 15,3 cm // 22,2 x 21,6 cm
2004

HH_0032 // ohne Titel
(2 Fische)
15 x 14,5 cm // 15 x 14,5 cm
undatiert

HH_0058 // ohne Titel
(Meerestiere)
7,2 x 6 cm // 12,3 x 10,3 cm
2010

HH_0270 // ohne Titel
30,6 x 27,6 cm // 30,6 x 27,6 cm
2010

HH_0346 // ohne Titel
22,2 x 17,5 cm // 24,9 x 19,8 cm
1980

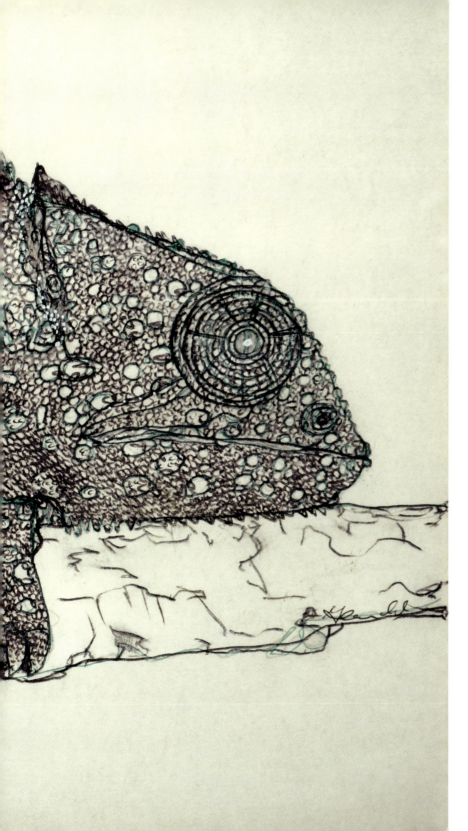

HH_0008 // ohne Titel
(Chamäleon)
35,1 x 25 cm // 35,1 x 27 cm (Ausschnitt)
undatiert

JANUSKÖPFE & DOPPELBILDNISSE
JANUS HEADS & DOUBLE PORTRAITS

In den Janusköpfen klingen zwei Leitmotive Henschels an: Der Rückgriff auf antike Bildwelten und das Motiv der Zweiheit. Der antiken römischen Bildwelt entlehnt ist der Kopf des Janus, des Gottes des Anfangs und des Endes, der mit seinem Doppelgesicht zugleich zurück und vorwärts blickt. Er symbolisiert die Dualität in vielen Aspekten des Lebens, wie z. B. von Leben und Tod, Hell und Dunkel, Anfang und Ende oder Zukunft und Vergangenheit.

Dem entspricht das Motiv der Zweiheit aus der persönlichen Mythologie Henschels, in der der Künstler als sein Alter Ego, „Spalek" (vom tschechischen špalek = Klotz, Block, Stock), einem Spitznamen aus Kindertagen, erscheint, oft gemeinsam mit einem zweiten, ihm beigeordneten Gesicht oder Gegenspieler.

Der Januskopf gilt auch als Symbol der Zwiespältigkeit und bezeichnet etwas, das sich „janusköpfig", also von zwei entgegengesetzten Seiten zeigt.

Die Janusköpfe gelten in der Bildwelt Henschels neben den „Wächtern" als die ältesten Motive. Sie datieren bereits auf den Anfang der 1970er-Jahre und finden sich auch noch in seinem Spätwerk.

Two of Henschels main themes are inspired by the Janus Heads: the recourse to ancient imagery and the motive of duality.

The head of Janus is borrowed from the ancient Roman imagery, the God of the beginning and the end, who at the same time looks back and forth with his double face. He symbolizes duality in many aspects of life, such as life and death, light and dark, beginning and end or future and past.

This corresponds to the motive of the duality of Henschel's personal mythology, in which the artist appears as his alter ego, „Spalek" (from the Czech špalek = block, stick), a nickname from childhood, often appears in a second coordinated face or opponent.

The Janus's head is also considered a symbol of ambivalence and to something referred as „Janus-headed", is shown from two opposite sides.

The Janus heads are in Henschel's pictorial world next to the „guardians" his oldest motives. They date back to the beginning of the 1970s and can still be found in his late work.

(links)
HH_0002 // ohne Titel
9,3 x 5,3 cm // 9,3 x 5,3 cm
2014

HH_0103 // ohne Titel
23,8 x 19 cm // 23,8 x 19 cm
undatiert

HH_0302 // ohne Titel
23,2 x 17,9 cm // 23,2 x 17,9 cm
1972

HH_0007 // ohne Titel
25,3 x 15,3 cm // 25,3 x 15,3 cm
undatiert

(rechts)
HH_0288 // ohne Titel
16,6 x 8 cm // 16,6 x 8 cm
undatiert

HH_0289 // ohne Titel
14 x 8 cm // 14 x 8 cm
undatiert

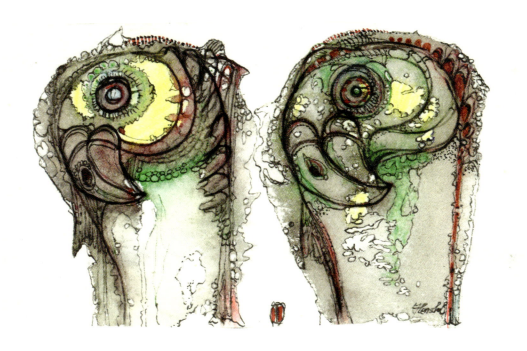

(rechts)
HH_0384 // ohne Titel
14,1 x 14,1 cm // 14,1 x 14,1 cm
undatiert

HH_0022 // ohne Titel
40 x 29,5 cm // 40 x 29,5 cm
1979

HH_0183 // ohne Titel
15,4 x 4,6 cm // 16,5 x 5,7 cm
2005

HH_0029 // ohne Titel
22 x 18 cm // 22 x 18 cm
2001

HH_0083 // ohne Titel
29,4 x 23,5 cm // 29,4 x 23,5 cm
2003

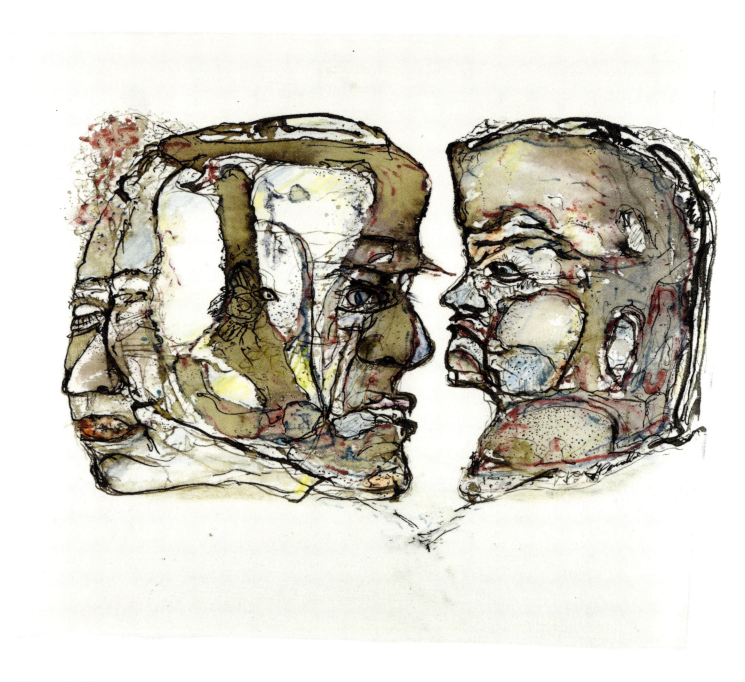

HH_0088 // Wächter IX
22,5 x 15,5 cm // 22,5 x 15,5 cm
2001

(rechts)
HH_0339 // ohne Titel
29,5 x 24 cm // 29,5 x 24 cm
1979

(links)
HH_0137 // ohne Titel
35 x 34,9 cm // 35 x 34,9 cm
undatiert

HH_0239 // ohne Titel
19,4 x 14,5 cm // 19,4 x 14,5 cm
1999

SCHIFFE
SHIPS

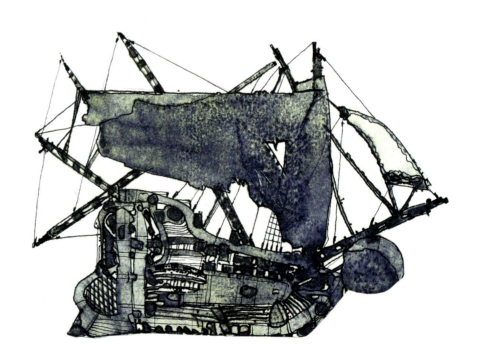

Henschel hegt eine große Leidenschaft für Segelschiffe. Er setzt sich intensiv mit der Konstruktion und Funktionsweise des Schiffskörpers und vor allem mit der Takelage und den Segeln auseinander. Er besitzt Fachliteratur zu diesem Thema und kommentiert darin handschriftlich Aufbau und Funktion der Schiffsteile. Bis in die Details der mechanischen Verbindungen von stehendem und laufendem Gut der Schiffe stellt er die Wasserfahrzeuge in seinen Bildern dar.

In der allgemeinen Bildsymbolik steht das Schiff für die Reise, die Überfahrt oder das Leben an sich. Henschels Schiffe sind unbemannte Fahrzeuge und den Elementen ausgeliefert. Meist sind sie mit dem spiralförmigen Element kombiniert, das er bereits in den ungegenständlichen Arbeiten entwickelt (vgl. S. 120).

Henschel has a great passion for sailing ships. He deals intuitively with the design and operation of the hull and especially with the rigging and the sails. He possessed special literature on this subject and commented on the structure and function of the ship parts by hand. He has depicted the watercraft in his pictures down to the details of the mechanical connections of ships standing and running.

In general pictorial symbolism, the ship stands for the journey, the passage of life itself. Henschel's ships are unmanned vehicles and subject to the elements. They are usually combined with a spiral element located in the contact zone of the ship's hull and water (cf. p120) he already develops in his non-representational works.

(links)
HH_0295 // ohne Titel
11,5 x 8,5 cm // 11,5 x 8,5 cm
undatiert

HH_0097 // ohne Titel
23,5 x 18 cm // 23,5 x 18,6 cm
undatiert

HH_0076 // ohne Titel
11,9 x 11 cm // 12,7 x 12 cm
2011

(links)
HH_0036 // ohne Titel
17,4 x 16,1 cm // 17,4 x 16,1 cm
2012

HH_0056 // ohne Titel
16 x 10,9 cm // 16 x 10,9 cm
2000

(links)
HH_0212 // ohne Titel
18 x 16,6 cm // 20,8 x 19,2 cm
2003

HH_0175 // ohne Titel
21,7 x 9,3 cm // 21,7 x 9,3 cm
undatiert

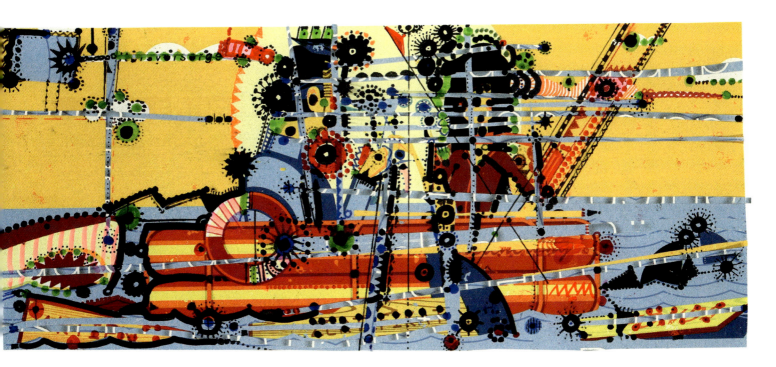

HH_0269 // ohne Titel
23,5 x 18,3 cm // 23,5 x 18,3 cm
1985

(rechts)
HH_0098 // ohne Titel
21 x 19 cm // 23,5 x 22 cm
undatiert

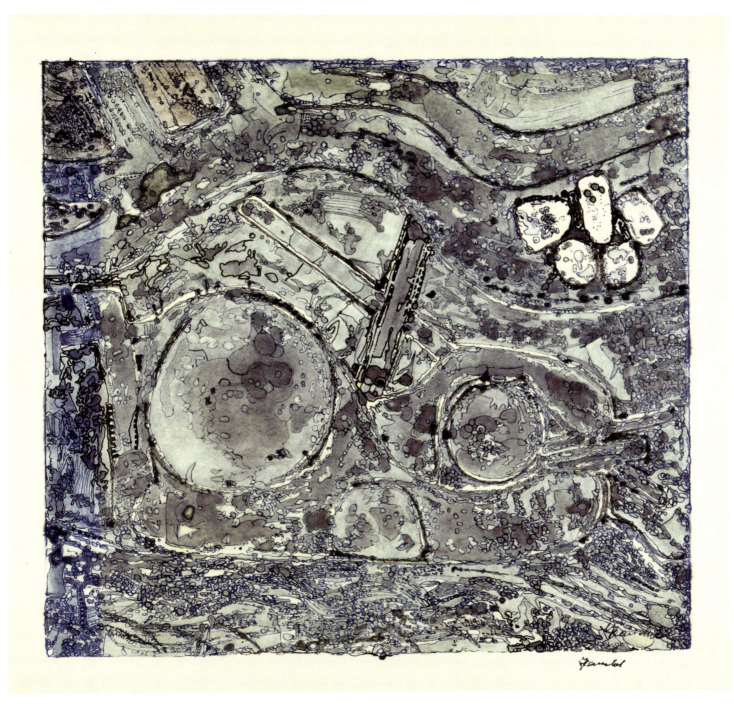

(links)
HH_0115 // ohne Titel
35 x 30 cm // 35 x 30 cm
2006

HH_0107 // ohne Titel
17,5 x 11,3 cm // 18 x 12 cm
undatiert

(von links nach rechts)

HH_0280 // ohne Titel
21,5 x 11,1 cm // 24,8 x 14,5 cm
2004

HH_0281 // ohne Titel
21,5 x 11,1 cm // 24 x 13,7 cm
2005

HH_0283 // ohne Titel
21,5 x 11,1 cm // 24,2 x 13,7 cm
2005

HH_0179 // ohne Titel
15 x 12 cm // 15,5 x 13,5 cm
undatiert

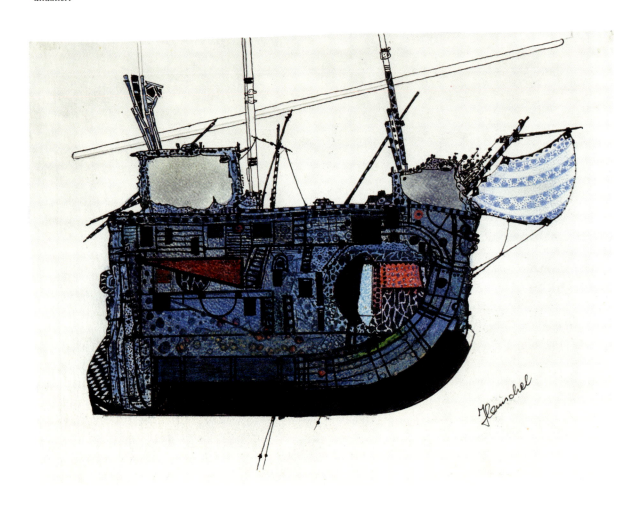

HH_SK_170 // ohne Titel
10 x 10 cm // 10 x 10 cm
undatiert

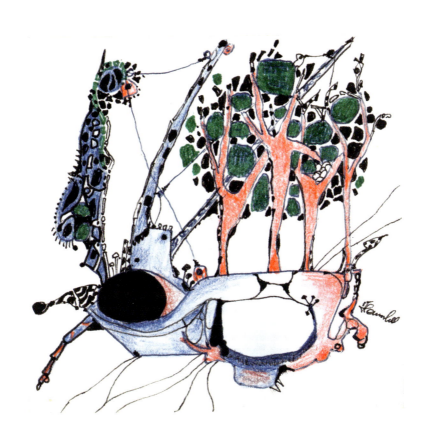

HH_0181 // ohne Titel
24 x 21 cm // 30,6 x 27,5 cm
undatiert

WÄCHTER

GUARDIANS

Die „Wächter"-Motive ziehen sich von Anbeginn durch das künstlerische Werk Henschels. Sie sind von großer Bedeutung, wohl als Beschützer und Behüter. Die Bezeichnung „Wächter" erscheint immer wieder in seinen Kommentaren in Symbolschrift.

Als Wächter fungieren sehr heterogene figürliche Darstellungen. Sowohl maskenhafte Antlitze als auch ganzfigurige Darstellungen männlicher Bewaffneter in Profilansicht bevölkern die Wächterbilder Henschels. Einige dieser Motive erinnern an Krieger, sie bringen Aspekte des Schutzes und der Verteidigung zum Ausdruck, die an Henschels sportliche Hobbys denken lassen.

Eine heitere Version der Wächter stellen rundköpfige Gestalten dar, die als Gruppe auftreten und den Aspekt von Gemeinschaft betonen. In diesen Blättern etabliert Henschel die Dreiergruppe, der man ausschließlich bei den Wächterbildern begegnet.

Es ist durchaus möglich, dass auch Mischwesen von Mensch und Tier, die oft fisch- oder vogelähnliche Züge tragen, als Wächter interpretierbar sind.

The „Guardian" motives are from the very beginning part of Henschel's artistic work. They were of great importance as protectors and guardians for Henschel and the term „Guardian" appears again and again in his comments in symbolic script.

Guardians are very heterogeneous figurative representations. Both mask-like countenance and full-length depiction of male gunmen in profile view populate the guardian images of Henschel. Some of these motives are reminiscent of warriors and they express aspects of protection and defense that remained one of Henschel's sporting hobbies.

A serene version of the Guardians are represented by round-headed figures who act as a group and emphasize the aspect of fellowship. In these pages Henschel establishes the triad, which is encountered only in the Guardian pictures.

It is quite possible that hybrid creatures of humans and animals, who often carry fish or bird-like traits, serve as guardians.

(links)
HH_0165 // ohne Titel
(Wächter)
8 x 6,7 cm // 9,3 x 8,2 cm
undatiert

HH_0284 // ohne Titel
(Wächter)
21,5 x 11,1 cm // 24,6 x 14,2 cm
2005

HH_0176 // ohne Titel
(Wächter)
12,2 x 8,2 cm // 15,4 x 11,8 cm
2004

HH_0293 // ohne Titel
(Wächter)
6,3 x 4 cm // 11,5 x 11 cm
undatiert

(links)
HH_0192 // Wächter Nr. 16
14,3 cm x 17,8 cm
1981

HH_0285 // ohne Titel
(Wächter)
15 x 9,8 cm // 17 x 11,6 cm
2009

HH_0286// ohne Titel
(Wächter)
13 x 6,6 cm // 15,2 x 9 cm
2001

(von links nach rechts)

5 Wächter

HH_0965 // ohne Titel
16,7 x 7 cm // 17,6 x 7,9 cm
2005

HH_0960 // ohne Titel
16,5 x 6 cm // 17,5 x 7 cm
2005

HH_0966// ohne Titel
15,4 x 5,9 cm // 16,5 x 6,5 cm
2005

HH_0964 // ohne Titel
16 x 5,4 cm // 17,3 x 6,8 cm
undatiert

HH_0959 // ohne Titel
15,5 x 5,5 cm // 17 x 6,5 cm
2009

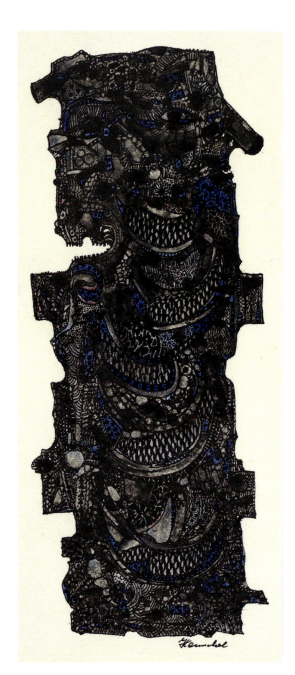

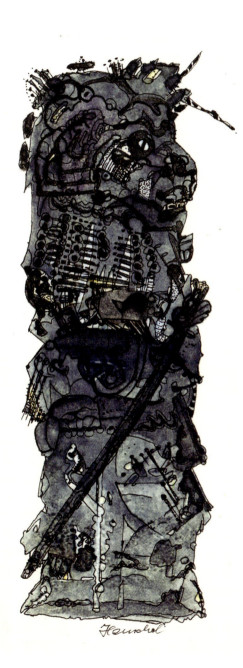  

HH_0218 // ohne Titel (3 Wächter) // 17 x 18,5 cm // 20,5 x 20,9 cm // 2004

HH_0214 // ohne Titel (3 Wächter // Ainu) // 21 x 21 cm // 23,4 x 22,1 cm // 2000

HH_0332 // ohne Titel
(Ainu)
18,9 x 13,6 cm // 18,9 x 13,6 cm
1989

HH_0100 // ohne Titel
(Ainu)
16,6 x 11,5 cm // 19,6 x 13,6 cm
2002

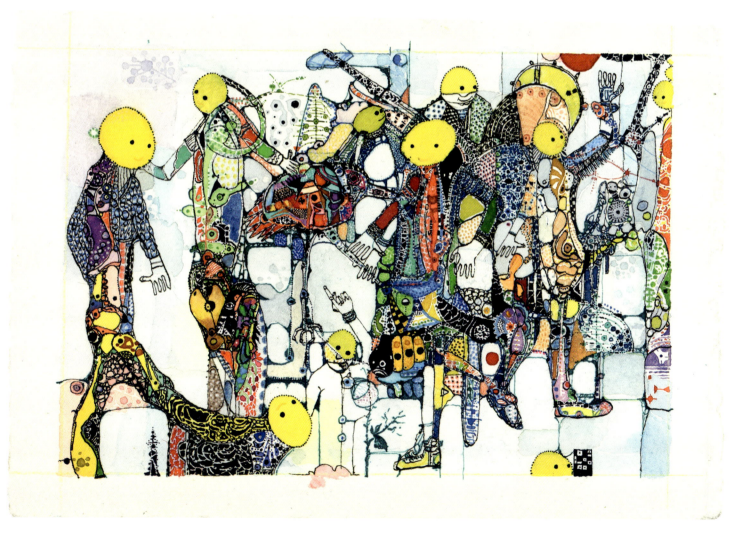

(links)
HH_0350 // ohne Titel
(Wächter)
19,8 x 15 cm // 19,8 x 15 cm
1970

HH_0287 // ohne Titel
(Wächter)
13,8 x 7 cm // 15,2 x 10,2 cm
200X

ERZÄHLWELTEN

NARRATIVE WORLDS

Mit Beginn der 1980-er Jahre stellt Henschel zunehmend komplexere Motive dar, die aus vielen Einzelmotiven zusammengesetzt sind. Es handelt sich um filigrane Tuschezeichnungen auf Papier, die mit wiederbefüllbaren Tuschestiften in sehr feinen Strichstärken angelegt sind. Diese wasserfesten Tuschezeichnungen koloriert Henschel akribisch mit feinsten Haarpinseln. Später entstehen diese Erzählwelten auch als Radierungen auf einem gleichermaßen alltäglichen wie außergewöhnlichen Druckstock, dem Resopal-Frühstücksbrettchen.

Bis weit in die 2000-er Jahre hinein stellt Henschel auf kleinstem Raum detailreiche, narrative, komplexe und enigmatische Bildwelten dar, die wie aus Tausendundeiner Nacht wirken. Dem Reichtum an Einzelformen ist oftmals nur unter Zuhilfenahme einer Lupe beizukommen. Meist sind die Erzählwelten farbenfroh, oft existieren die gedruckten Bilder auch in variierender Koloration.

Den Bildern, seien sie gezeichnet oder gedruckt, ist gemeinsam, dass sie Assoziationsketten auslösen und zu vielfältigen Deutungen einladen. Immer wieder stellt sich in ihnen Henschel selbst dar als kleines Detail inmitten einer Fülle an weiteren Motiven aus Tierwesen, abstrakten Strukturen und weiteren Personen.

At the beginning of the 1980s Henschel presents increasingly complex motives, which are composed of many individual motives. These are very fine ink drawings on paper, which are created with variable refillable ink sticks. Henschel meticulously paints these waterproof ink drawings with the finest hair brushes. Later, narrative worlds also emerge as etchings on an equally everyday and unusual printing block, the resopal breakfast board.

Well into the 2000s, detailed, narrative, complex and enigmatic imagery emerge in the smallest of spaces, seemingly from the Thousand and One Nights. The wealth of individual forms can often only be mastered with the help of a magnifying glass. Most of the narrative worlds are colourful, often the printed images also exist in varying colors.

The images, be they drawn or printed, have in common that they trigger chains of association and invite to various interpretations. Again and again Henschel presents himself as a small detail in the midst of a wealth of other motives from animals, abstract structures and other people.

(links)
HH_0327 // ohne Titel
11,4 x 10,8 cm // 13,5 x 12,7 cm (freigestellt)
2011

HH_1046 // ohne Titel
9,8 x 9,5 cm
um 1997

1. Exemplar einer
Reihe von aquarellierten
Zeichnungen.

H. Henschel

HH_0373 // ohne Titel
10 x 8,7 cm // 13,5 x 12,2 cm
undatiert

HH_0060 // ohne Titel
11,9 x 5,8 cm // 13 x 7,6 cm
2004

HH_0374 // ohne Titel
12,4 x 9,1 cm // 13 x 10 cm
undatiert

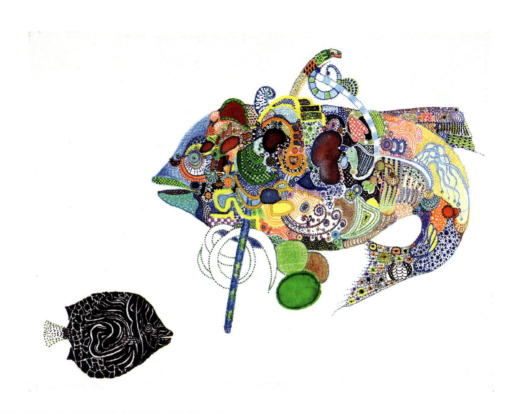

HH_0059 // ohne Titel
10,8 x 7 cm // 11,8 x 8,8 cm
2004

HH_0377 // ohne Titel
(Rita // göttliche Ordnung)
15 x 11,2 cm // 13,6 x 10 cm
2011

HH_0062 // ohne Titel
9,2 x 5,2 cm // 11,3 x 8 cm
1999

HH_0073 // ohne Titel
14,2 x 10,5 cm // 13,8 x 10 cm
1997

HH_0095 // ohne Titel
19,7 x 13,9 cm // 21,8 x 16,1 cm
2003

HH_0068 // ohne Titel
13,5 x 8,5 cm // 14,1 x 9 cm
2011

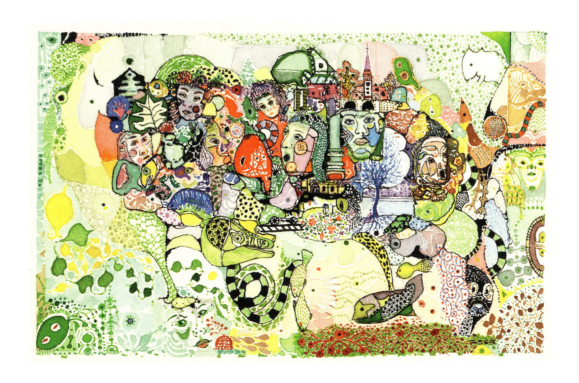

HH_0046 // ohne Titel
11,3 x 11,3 cm // 12,6 x 11,3 cm
2005

HH_0057 // ohne Titel
(Selbstporträt)
11,5 x 10 cm // 12,3 x 10 cm
2003

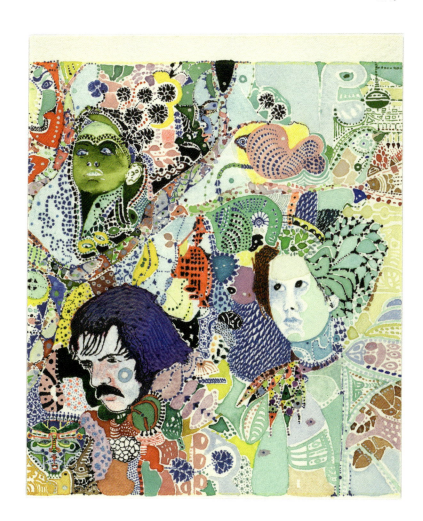

HH_0096 // ohne Titel
16,4 x 14 cm // 16,4 x 14,3 cm
1997

HH_0067 // ohne Titel
13,6 x 11,4 cm // 13,6 x 11,4 cm
2000

HH_0045 // ohne Titel
11,5 x 7,6 cm // 12,2 x 7,6 cm
2003

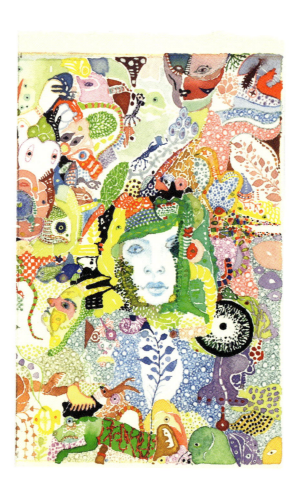

(rechts)
HH_0082 // ohne Titel
16,3 x 14,7 cm // 18,5 x 16,9 cm
1998

HH_0108// ohne Titel
16,5 x 11,4 cm // 17,8 x 13,3 cm
1986

HH_0114 // ohne Titel
16,6 x 6,7 cm // 17,7 x 8,2 cm
undatiert

HH_0066 // ohne Titel
13,8 x 10 cm // 14,2 x 10,6 cm
2000

(links)
HH_0085 // ohne Titel
15,5 x 14,7 cm // 18 x 16,9 cm
1998

HH_0001 // ohne Titel
19,7 x 11 cm // 21,6 x 12,8 cm
2002

HH_0005 // ohne Titel
19,8 x 9 cm // 23,4 x 12,6 cm
2003

HH_0094 // ohne Titel
20,8 x 18,7 cm // 23,5 x 19,7 cm
2013

HH_0213 // ohne Titel
21,7 x 17 cm // 22,4 x 18,3 cm
2000

MONOCHROME ARBEITEN
MONOCHROMATIC WORKS

Immer wieder arbeitet Henschel in seinem Werk streng monochrom. Auch hier zeigt sich der Einfluss der Radierungen, die er als einfarbige Drucke mit schwarzer Farbe auf weißem Grund ausführt.

Die Beschränkung auf nur eine Farbe, die in Nuancen auf das Papier aufgetragen wird, stellt auch eine Beschränkung der erzählerischen Möglichkeit dar, fällt doch die Differenzierung der tatsächlichen Objektfarben weg. Umso faszinierender ist, dass viele der monochromen Arbeiten ein Kompositionsschema Henschels offenbaren: In die dicht organisierten Linien der übermalten Zeichnung, die auf den ersten Blick ungegenständlich und überfordernd wirken, sind Figuren eingeschrieben wie Tiere (Vögel, Elefanten, Büffel), Menschen (ein Krieger in Siegespose) oder auch Schiffe.

Folgt man dieser Vorgehensweise, so lassen sich in fast allen Bildern Henschels im Geflecht der Zeichnung verborgene Motive erkennen, die den zentralen Motivkomplexen seines Werkes zugeordnet werden können.

Again and again Henschel produces his work strictly in monochrome. Here also the influence of the etchings he makes as a monochrome print with black paint on a white background is obvious.

The restriction to just one color, which is applied to the paper in nuances, also constitutes a limitation of the narrative possibility, since the differentiation of the actual object colors is eliminated.

All the more fascinating is that many of the monochrome works reveal a compositional scheme of Henschels: In the densely organized lines of the overpainted drawing, which seem at first sight nonobjective and overwhelming, are inscribed figures such as animals (birds, elephants, buffaloes), humans (a warrior in victory pose) or ships.

If one follows this approach, it is possible to recognize in almost all of Henschel's pictures the pattern of drawing hidden motives that can be assigned to the central complex motive of his work.

(links)
HH_0209 // ohne Titel
(Fische)
16 x 9,4 cm // 16 x 9,4 cm
undatiert

HH_0310 // ohne Titel
(Vogelgruppe)
16,5 x 12,5 cm // 21 x 14,8 cm
2006

HH_0145 // ohne Titel
(Rabe auf Ast)
14,7 x 12 cm // 2o,9 x 14,9 cm
2007

HH_0312 // ohne Titel
(2 Esel)
16,5 x 12,5 cm // 20,8 x 14,6 cm
2007

HH_0956 // ohne Titel
(Rind)
16,5 x 12,3 cm // 20,4 x 14,7 cm
undatiert

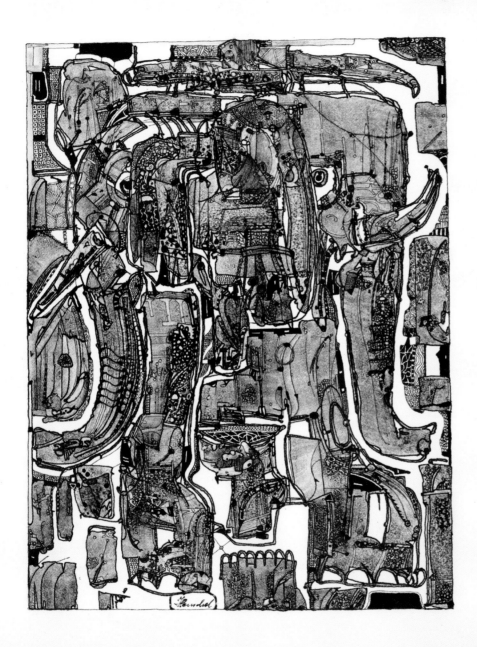

HH_0952 // ohne Titel
(2 Elefanten)
16,5 x 12,5 cm// 21 x 14,8 cm
2006

HH_0309 // ohne Titel
(Wächter)
17 x 12,5 cm // 20,6 x 14,3 cm
2006

HH_0312 // ohne Titel
(Krieger in Siegespose)
16,5 x 12,5 cm // 20,8 x 14,6 cm
2007

HH_0238 // ohne Titel
(Dschunke)
17,5 x 13,3 cm // 20,9 x 17 cm
2006

HH_0223 // ohne Titel
(3 Wächter)
10,7 x 9 cm // 11 x 9 cm
1986

HH_0222 // ohne Titel
10,3 x 10,5 cm // 11,6 x 11,5 cm
2003

(links)
HH_0106 // ohne Titel
24,5 x 17,4 cm // 24,5 x 17,4 cm
1986

SKIZZENBÜCHER

SKETCHBOOKS

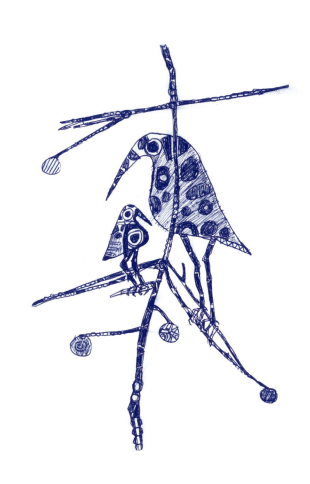

Im Nachlass Henschels wurden auch seine Skizzenbücher gefunden. Sie stellen das Reservoir seiner Ideen dar, in ihnen entwirft und entwickelt er seine Bildmotive und macht sich Notizen.

Darin blättern sich Details zu Themen des Schiffsbaus, der nordamerikanischen Indianer, der alten südamerikanischen Kulturen und archaischer Waffen auf. Immer wieder fließen auch Worte in Klar- und Symbolschrift ein, die nahelegen, dass er während der Arbeit in den Büchern Radio hörte und sich Notizen zum Aufgeschnappten machte. Ohne Zusammenhang zum Gezeichneten begegnet man so Worten oder Phrasen, die für Henschel mit Bedeutung aufgeladen scheinen (vgl. S. 196).

Eine Besonderheit stellen die Konstruktionszeichnungen von Pfeilen und Bögen dar (vgl. S. 184), die Henschel auch als Objekte realisiert. Er schmiedet die Pfeilspitzen und baut die Pfeile nach Vorbildern aus Büchern und Magazinen zur Kultur der Indianer Nordamerikas. An diesem Umstand lässt sich deutlich nachvollziehen, dass die Bildwelt des Künstlers konkordant mit der physischen Welt Henschels ist: Ab 1997 übt Henschel auch den Sport des Bogenschießens aus.

In Henschels estate his sketchbooks were also found. They represent the reservoir of his ideas, in which he makes notes and designs and develops his motives.

It details shipbuilding, North American Indians, ancient South American cultures, and archaic weapons. Again and again words are written in clear and symbolic writing, suggesting that he listened to the radio while working in the books and noted down snapped up news. Without any connection with what has been drawn, one encounters words or phrases that seem to be charged with meaning for Henschel (cf. p196)

Special features are the construction drawings of arrows and bows (cf. p184), which Henschel also realized as objects. He forges the arrowheads and builds the arrows based on models from books and magazines on the culture of the Indians of North America. It is clear from this fact that the pictorial world of the artist is concordant with the physical world of Henschel. From 1997 Henschel also practiced the sport of archery.

(links)
HH_0159
14,6 x 9,5 cm

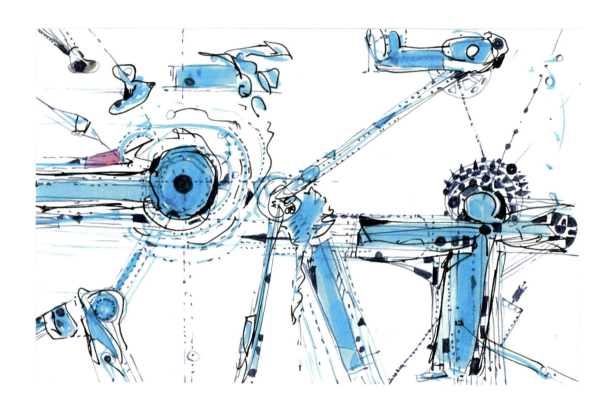

HH_0159
14,6 x 9,5 cm

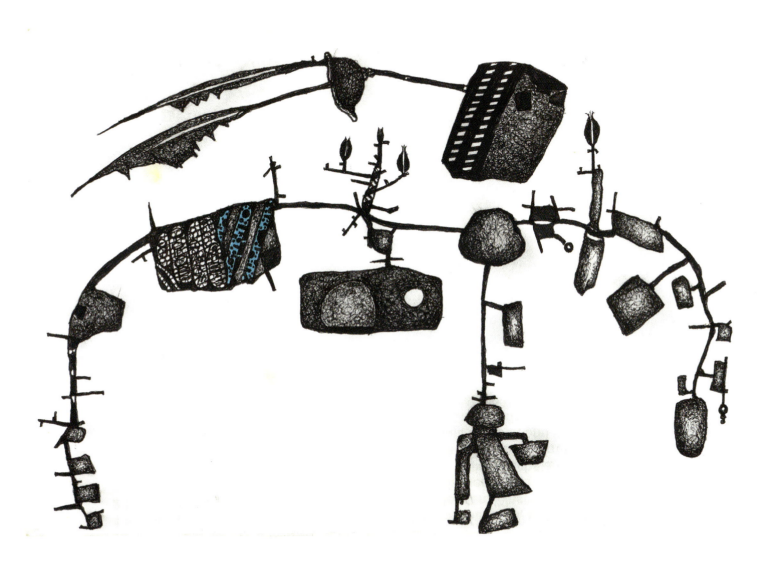

HH_SK_024
21 x 15 cm

HH_SK_030
21 x 13,5 cm

HH_SK_077
15 x 10,5 cm

(rechts)
HH_0998
21 Pfeile

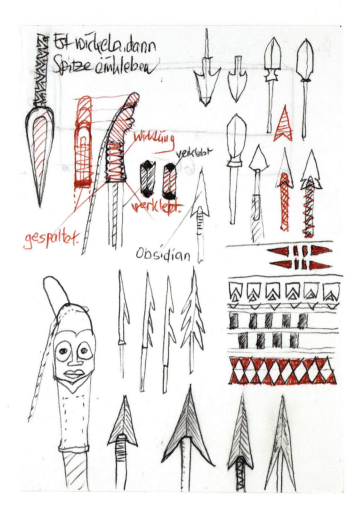

HH_SK_31
14,7 x 10,4 cm

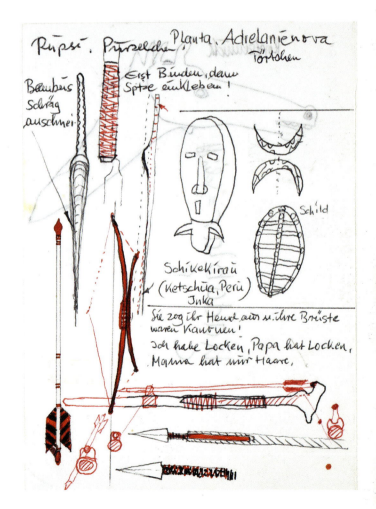

HH_SK_032
14,7 x 10,4 cm

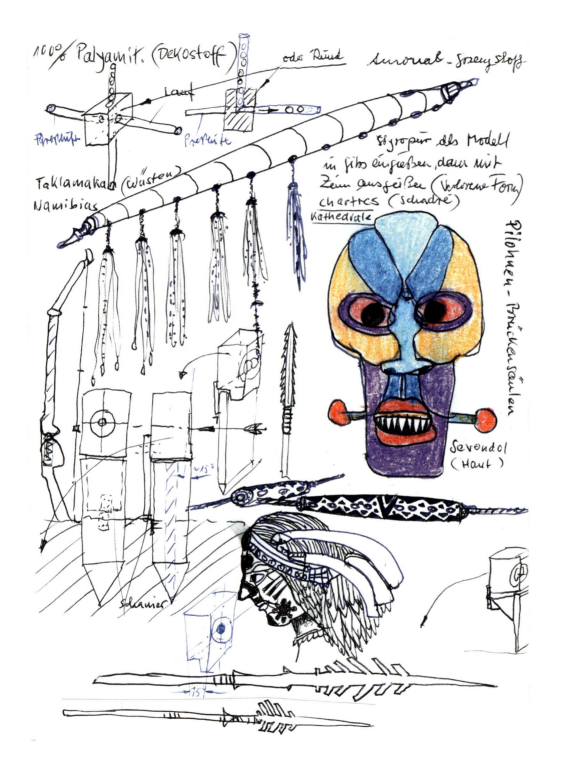

HH_SK_152
20,9 x 14,8 cm

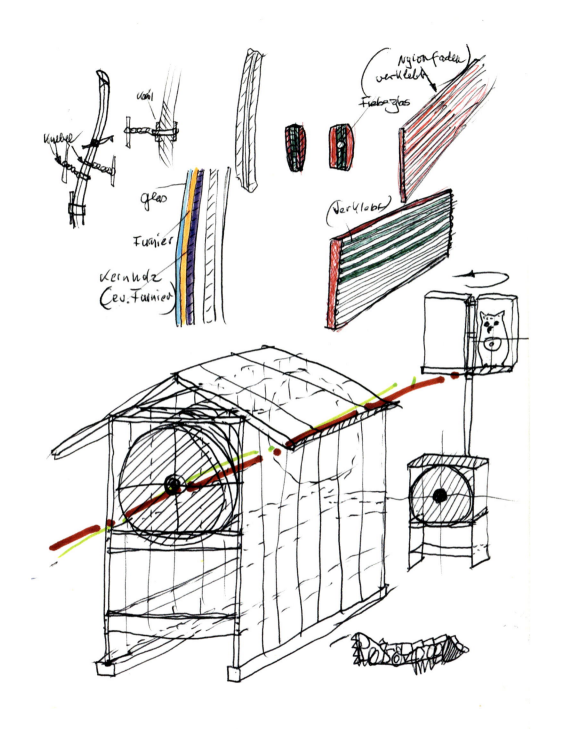

HH_SK_147
20,9 x 14,8 cm

HH_SK_089
18,7 x 9,9 cm

(rechts)
HH_SK_180
17,4 x 13,9 cm

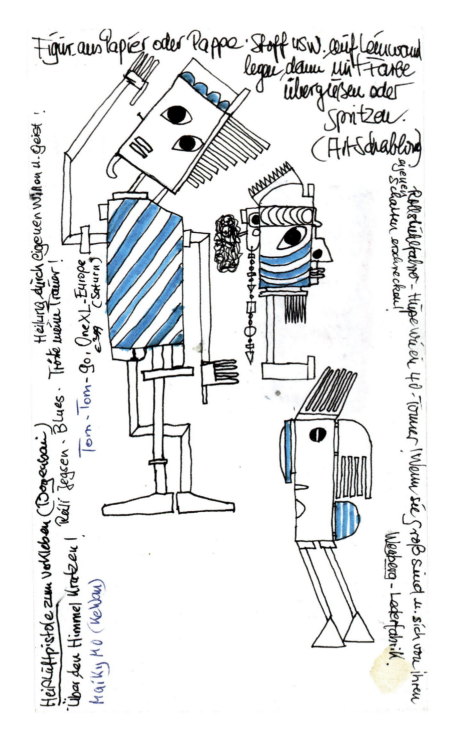

HH_SK_118
21 x 12,1 cm

(rechts)
HH_SK_041
29,7 x 21 cm

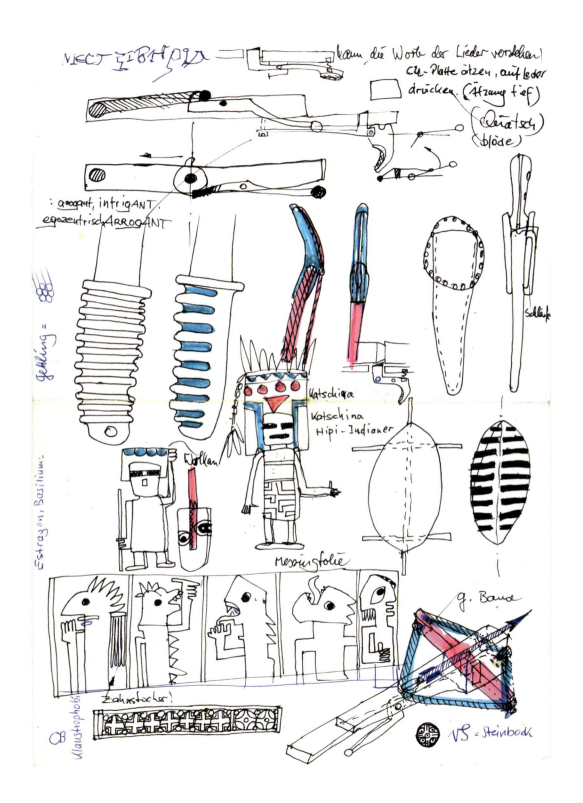

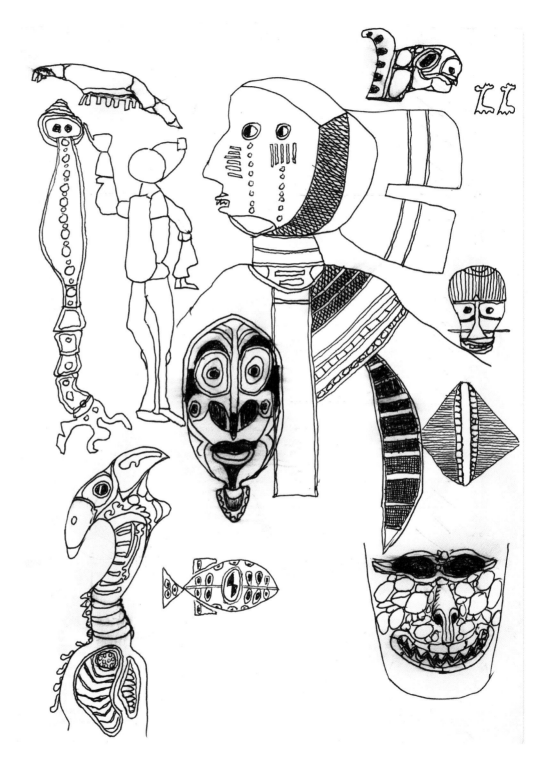

HH_SK_099
20,9 x 14,8 cm

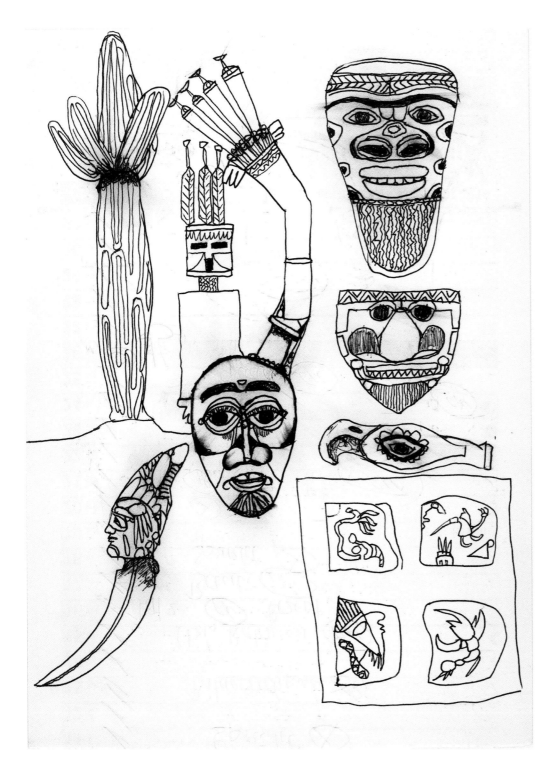

HH_SK_101
20,9 x 14,8 cm

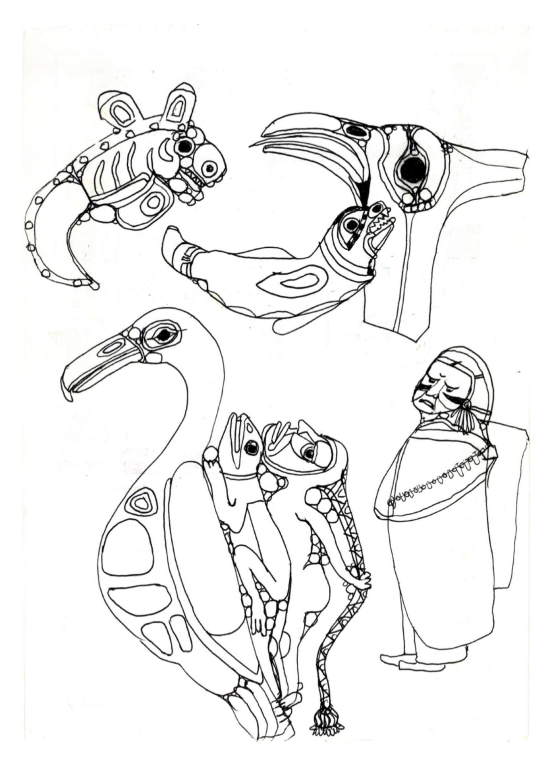

HH_SK_102
20,5 x 14,8 cm

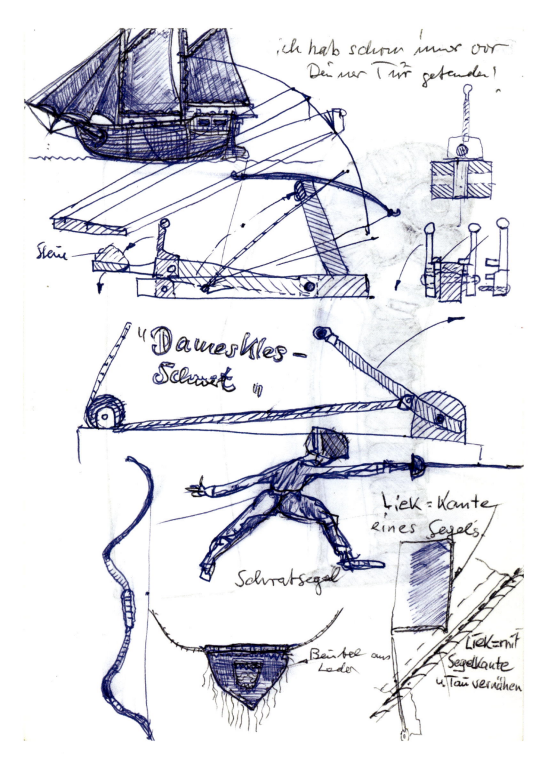

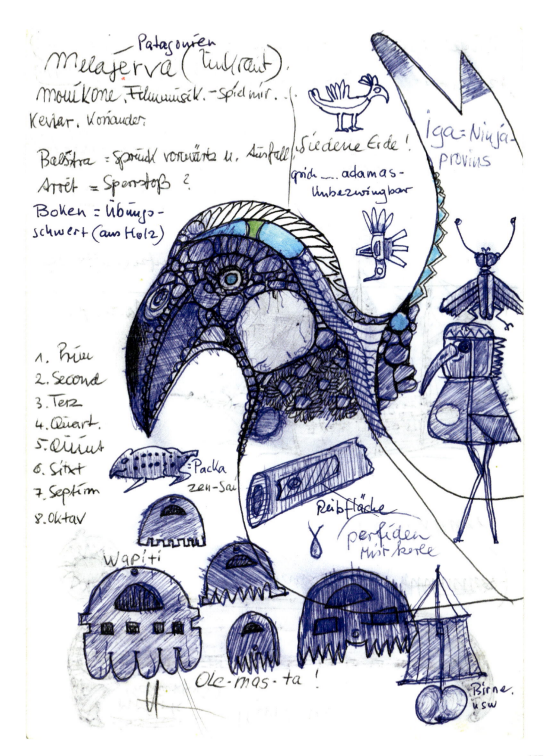

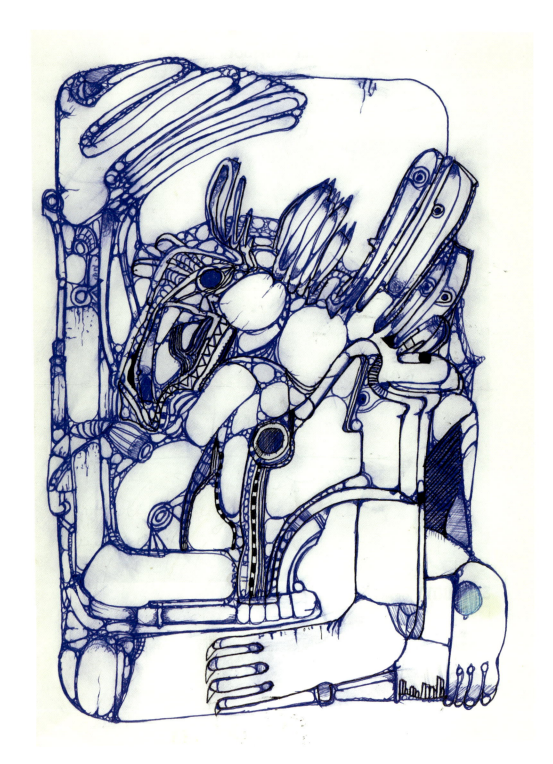

HH_0353
29,8 x 21 cm

HH_0899
17,3 x 14,9 cm

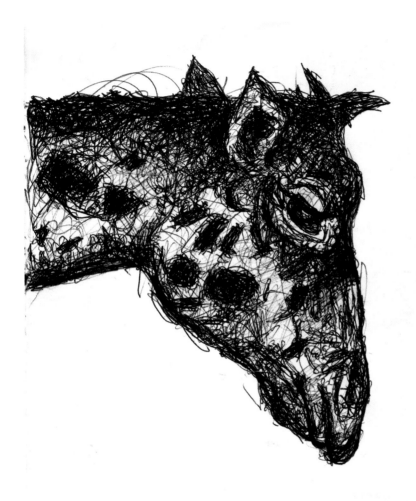

(rechts)
HH_0324
18,8 x 17,8 cm

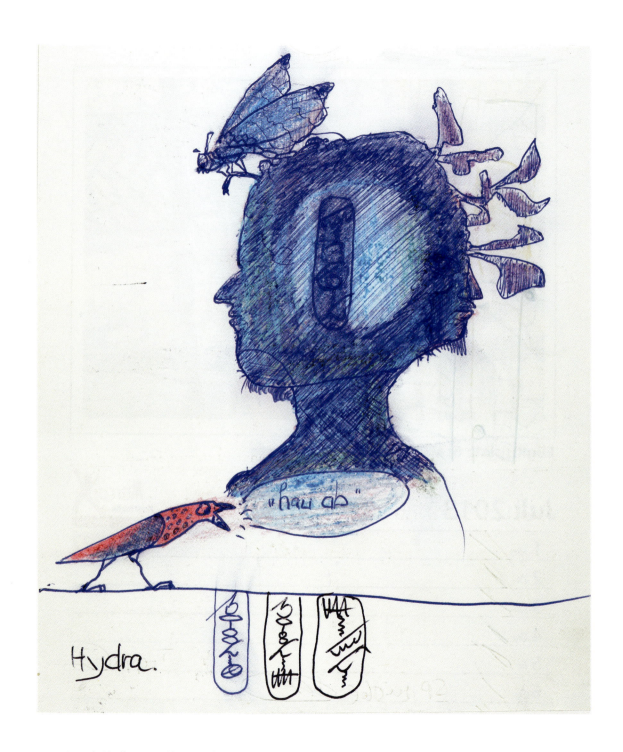

HH_SK_069 // Selbstporträt // 17,7 x 14,8 cm

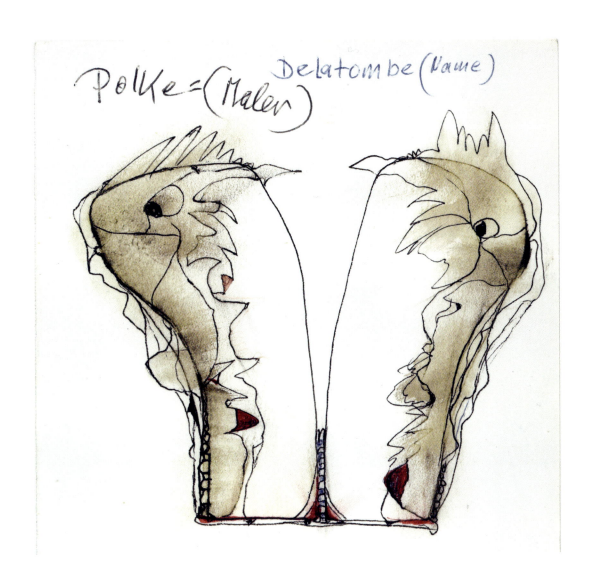

BIOGRAFIE

28.12.1938   Geburt in Brockau bei Breslau

1945   flieht die Familie vor dem Einmarsch der russischen Volksarmee nach Coswig (Sachsen), lässt sich als Jugendlicher zum Dreher ausbilden

1954   bricht Henschel ohne die Familie in die BRD auf und gelangt nach Dülken (Nordrhein-Westfalen), übt den Beruf des Drehers erfolgreich bis zur Rente aus

1966   beginnt den Schießsport

1970   bricht endgültig mit seiner Familie, beginnt zu malen

1972   heiratet

1974   lässt sich kinderlos scheiden, beginnt Taekwondo zu trainieren

1978   lässt sich zum Landes-Kampfrichter Taekwondo ausbilden

1979   kauft eine Eigentumswohnung in Dülken, ist Teil einer freundschaftlich verbundenen Eigentümergemeinschaft des Mehrparteienhauses

1998   erlernt das Bogenschießen

2003   geht in Rente

2013   beginnt Teile seines künstlerischen Werks zu rahmen

2014   beginnt den Fechtsport

2015   lässt eine Auswahl an Werken digital fotografieren

2016   stirbt an einer Lungenembolie in einem Krankenhaus in Mönchengladbach

2018   sein Werk wird entdeckt

BIOGRAPHY

28.12.1938	birth in Brockau near Breslau
1945	the family flees to Coswig (Saxony) before the invasion of the Russian People's Army and is trained as teenager to a turner
1954	Henschel leaves without his family to FRG and comes to Dülken (North Rhine-Westphalia), successfully carries out the profession of turner until retirement
1966	begins shooting sport
1970	breaks with his family, starts to paint
1972	marries
1974	divorces childless, begins to train taekwondo
1978	gets trained as taekwondo national referee
1979	buys a condominium in Dülken, is part of a friendly upscale community of owners of the multi-party house
1998	learns archery
2003	retires
2013	begins to frame parts of his artistic work
2014	begins fencing
2015	allows a selection of works to be digitally photographed
2016	dies of pulmonary embolism in a hospital in Mönchengladbach
2018	his work is discovered

BESONDERER DANK

Gerd Baum

Nina Schulze

Dirk Friedrich

Amelie Lucie David

Andre Gomolka

Petra Cleven

Walter Ehren

und

Bild Buchumschlag Rückseite:
HH_0035 // ohne Titel
(Wächter)
27 x 8 cm // 27,5 x 8 cm (freigestellt)
1980

(rechts)
HH_0999
Radierpresse

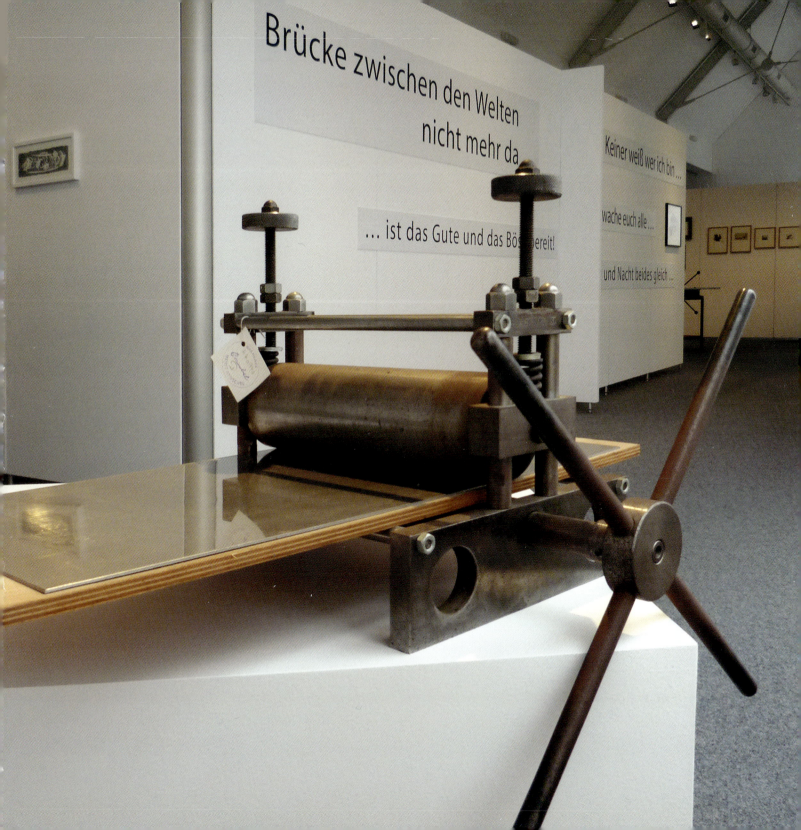